レジリエンスの心理学

小塩真司
平野真理 編著
上野雄己

社会を
よりよく
生きるために

金子書房

まえがき

　私たちは，回復することができなくなる状況をとても不安に思い，恐怖すら抱くものです。2020 年の春先から国内で広がった新型コロナウイルス感染症も，その致死性や後遺症という「回復の確率や予測の悪さ」が，私たちに不安を抱かせます。その一方で「回復すること」は，私たちに希望をもたらします。元に戻ることができるという予測ができれば気持ちに張りが出て，将来を明るく捉え，活力が生まれてきます。回復するという現象は，それだけ私たちにとって重要なものだといえるのではないでしょうか。では，何が回復につながる要素なのでしょうか。また，どうして回復できるときとできないとき，回復しやすい人としにくい人が存在するのでしょうか。このあたりの問題を明らかにすることが，レジリエンスの研究へとつながっていきます。

　近年，臨床場面や教育場面，キャリア場面など多くの場面で「レジリエンス」という言葉を耳にする機会が増えてきました。その背景には，回復することへの渇望，多くの人々がそれを望むことがあるように思います。多くの人々が回復につながる力を身につけたいと思い，子どもたちに回復につながる力を身につけさせたいと願う様子が想像されます。

　しかしその一方で，レジリエンスという言葉の背後にある概念はそれほど簡単なものではなく，研究者によっても違うニュアンスを伴って用いられたり，非常に数多くのレジリエンスを測定する尺度が開発されていたり，多様な研究が展開していたりします。その内容については，なかなか伝わりにくい面があるかもしれません。

　本書では 13 章を通じて，レジリエンスという概念や測定方法，臨床や教育場面での扱われ方や留意点，また日常生活の多様な場面におけるレジリエンスについて広く概説していきます。果たして，レジリエンスという言葉の背後には，どのような世界が広がっているのでしょうか。レジリエンスに関連するさまざまな事柄について少しでも整理がなされ，読者の皆様の理解の助けになることを期待しています。

2021 年 8 月　小塩真司

目　　次

第Ⅰ部 ● レジリエンスの概念と測定

第Ⅱ部 ● レジリエンスと臨床・教育

第Ⅲ部 ● レジリエンスと日常生活

第 I 部
レジリエンスの概念と測定

第1章

レジリエンスとは

小塩真司

1 ● 回復すること

　年齢を重ねると，若い頃には気づかなかったことに思い至ることがあります。身体の健康についても，そのひとつです。若い頃には睡眠時間が短くても，激しい運動をしても，身体はすぐに回復してくれます。しかし年齢を重ねると，次第に回復が遅くなったり，なかなか回復せずに不安を覚えたりするようにもなります。

　けがや病気についても同じです。自分の子どもたちを見ていて驚くことのひとつは，遊んでいてけがをしても，驚くほど回復までの時間が速いことです。親がけがをしたときには，そこまで回復の時間が速くはありません。自分自身の身体のことながら，残念に思うこともあります。

　そして誰しも，回復しない病気や疾患にかかることを恐れます。重篤な身体疾患，大きな身体の欠損をもたらす事故，原因不明の病気，そして長期にわたる苦しみをもたらす精神的な疾患など，なかなか回復することがない，あるいは回復が見込めない，そして次第に悪化していく状況は，身体的なものも精神的なものも含めて数多く存在しています。

　もしも自分自身の身体や精神状態の悪化について，「回復しない」という診断が下ったとしたらどうでしょうか。おそらく不安や焦燥感，絶望感に襲われるのではないかと想像されます。悲惨な出来事を経験したとしてもそこから回

2

復することは，絶望から希望への転換をもたらしてくれることも意味するのです。

2 ● レジリエンス

　子ども時代の悲惨な体験が子どもたちに何らかの悪影響を与える可能性があることについては，疑問の余地がありません。しかし，そのような経験をした全ての子どもたちが，その後に何らかの問題を表面化させるというわけでもありません。

　ハワイのカウアイ島で行われた，長期的な調査がよく知られています（Werner & Smith, 1992）。この調査では 1950 年代にハワイのカウアイ島で出生した約 700 名を，長年にわたって追跡しています。調査の対象となった子どもたちの中には，出生前から何らかの困難を抱えていたり，出生後も低体重や貧困を伴ったり，親の低学歴や精神疾患などを報告する人々がいました。通常，このような環境で育った子どもたちには，成長後に何らかの問題が生じることが多々あります。ところが，およそ 3 分の 1 の子どもたちは，このような環境で育ったにもかかわらずとてもよい適応状態となっていることが示されたのでした。この報告によって，厳しい環境を経験してもよい適応を示す子どもたちが一定数存在することが示されたのです。

　レジリエンス（resilience）という単語はもともと，変形されたものがもとの形に戻る復元力や弾力性という意味をもちます。そこから，困難で脅威を与えるような状況を経験したにもかかわらずよく適応する過程や能力，結果のことをレジリエンスというようになりました（Masten, Best, & Gramezy, 1990）。ここからは，この現象について少し詳しく考えてみたいと思います。

3 ● レジリエンスという現象

　レジリエンスは，風が吹きつける木によく例えられます（Lepore & Revenson, 2006; 小塩，2011）。荒野に立つ 1 本の木を想像してみてください。そこに嵐が沸き起こり，強風が吹きつけます。そのときにその 1 本の木が，どのよ

うな状態になるかによって，レジリエンスを例えようとする試みです。レポア
とレヴェンソンはレジリエンスについて，木に例えながら「回復」「抵抗」「再
構成」という3つの観点から論じています。

(1) 回復

　木に強風が吹きつけたとき，限度を超えればその木は折れてしまいます。し
かし，柔軟な幹をもつ木は強風にあおられてたわみながらも，またもとの姿に
戻ることができます。このような木の様子は，まさに「回復」を表していま
す。

図1-1　強風にたわみながらもとに戻る木

　人間の場合でも同じです。困難な状況に直面して強いストレッサーにさらさ
れれば，一時的に落ち込んだり混乱が生じたり，心身に何らかの問題が生じる
ことがあります。そして，そこから回復することもあります。その回復のこと
をレジリエンスと考えるということです。

　レジリエンスという現象は，ただ単に回復そのものをさすわけではないとい
うことを指摘する研究者もいます（Bonanno, 2004）。実際に悲惨な出来事に遭
遇した人のうちPTSD（心的外傷後ストレス障害）を発症する人は一部であ
り，多くの人は回復の過程をたどります。そして，その回復のパターンは誰も
が同じではありません。この個人差をどのように捉えるかが，レジリエンスを
理解するひとつのポイントだと考えられます。

(2) 抵抗

　強風が吹いてもびくともしない，強靱な木の様子を想像してみましょう。太い幹で強風を受け止め，少しも揺らぐ様子を見せません。もちろん，このような状態であればそもそもダメージを受けることがないままに時間が経過しますので，あたかも「何も起きていない」かのように見えることになります。

図1-2　強風にも揺らがない木

　どのような厳しい環境にさらされたとしても全く動じない様子というのは，「強さ」をイメージさせるのではないでしょうか。強いストレス条件下においても病理に陥らない，ここで述べるような「強さ」を表す心理特性は，ハーディネスとして知られています（Kobasa, 1979）。

　たしかに，ストレス状況にさらされても動じない強さは望ましい状況であるかもしれませんが，全くダメージを受けないというのも不自然です。あまりに何も影響を受けないことは病的だと考える人々もいます。しかしその一方で，ストレス条件下で一時的に落ち込み，その後に回復するプロセスが多数派かというと，必ずしもそうではないという報告も多くあるのです（Wortman & Silver, 1989）。そして，治療者たちが悲惨な状況の経験者たちを「回復させるべき人々」と考えることによって，不必要な対応をするばかりでなく，かえって問題を生じさせる可能性があることも指摘されています（Lepore & Revenson, 2006）。

(3) 回復と抵抗

　回復はレジリエンスで抵抗はレジリエンスではないと考える研究者がいる一方で，両者をレジリエンスだと考える研究者，また回復よりも抵抗こそがレジリエンスだと考える研究者もいます。果たして，回復と抵抗はどちらがレジリエンスなのでしょうか，あるいはどちらもレジリエンスなのでしょうか。

　この問題を考える際に，回復の過程をイメージしてみることが重要です。加えて，回復の速さも問題になります。ここでは，時間の流れを想像してみましょう。

　困難な状況に直面して，一時的に落ち込んだり不安や恐怖を抱いたりしたあとで，回復するまでにどれくらいの時間が必要だと考えるでしょうか。数分，数時間，数日でしょうか，それとも数週間や数か月，あるいは数年でしょうか。一口に「回復」という言葉を使ったとしても，回復までの期間によってその印象はずいぶんと異なったものになるのではないでしょうか。なかには非常に短期間に回復することで，あたかも全く落ち込む様子がないかのように見えることもあります。

　これは，観察者が観察する際の解像度の問題です。研究者が現象を観察するときには，相手を四六時中観察しているわけではありません。たとえば悲惨な出来事を経験して数日経た人に対して調査を行ったとします。もしも，その人の回復が1日で生じているとするならば，観察者である研究者の目には「何も影響が見られない」ように映るはずです。そのような場合，速い回復は「全く落ち込んでいない」かのように見えるのです。レジリエンスを考えるときには，この点を注意して考えておく必要があります。

(4) 再構成

　嵐の中で木が耐えるうちに，その構造自体を変えるということが起きるかもしれません。外見を変えて強い風に耐えられるようになる，より柔軟になって風を受け流すことができるようになる，それまでとは全く違う内部構造をもつようになるなど，現実から離れてSF（サイエンスフィクション）的な想像も含めれば，多くの選択肢を考えることができます。

　これは，逆境を経験してそこから立ち直ることによって，それ以降の逆境に

も適応しやすくなるという現象の例えとなっています。私たちは，過去に経験した内容に適応して将来の経験に備えるために，認知，信念，行動を変えることができるはずです（Lepore & Revenson, 2006）。過去の経験から学び，次の経験に備えることは，私たちが日常的に行っていることでもあります。そしてこのような再構成も，レジリエンスの過程の中で生じる現象のひとつだと考えられます。

　このような再構成のプロセスは，心的外傷後成長（Posttraumatic Growth; PTG）という概念にもよく似ています（第4章も参照）。心的外傷後成長は，悲惨な出来事を経験したとしても，そこから自分なりに再解釈を行って成長していくという概念です。その点で，心的外傷後成長も再構成の過程を含んでいます。ただし，心的外傷後成長の再構成は基本的にポジティブな方向であるのに対し，レジリエンスの再構成はポジティブな方向もネガティブな方向も，両方があり得ると考えられています（Lepore & Revenson, 2006）。

　たとえば，人間関係の中でストレスフルな出来事を経験した個人は，一時的な落ち込みから回復する過程の中で，他者に対して批判的な態度をとるように変化してしまうかもしれません。その変化は，客観的に見ればあまりよいものではないように見えます。他者に対する批判的な態度は，他の人に対して悪影響を与える態度である可能性もあります。しかし，そのような物事の捉え方の変化によって，その個人は次のストレスフルな人間関係の中でも耐えることができるようになるかもしれません。レジリエンスにおける再構成は，小さな変化も含むものであり，必ずしも社会的に見てよい方向だけに生じるものではないといえそうです。

図 1-3　強風で折れて別の形に再構成する木

4 ● よい状態こそ

(1) よい状態へ導く

　荒野に1本の木があってそこに強風が吹きつけるとき，それを耐える強さや変化するしなやかさだけで乗り越えるわけではありません。

　たとえば，その木を心配した人々が，周囲に暴風フェンスを設置するような場合です。これは，他の人々からの支援（サポート）を受けることでレジリエンスが促進されることをイメージさせる例です。

　またたとえば，人々がその木を別の場所に植え替えるという決定を下す場合があるかもしれません。これは，ストレスフルな出来事を避けるということが，ひとつの解決策でもあることを表しています。

　レジリエンスを考える際に忘れてはいけないことは，どのようにしたら個人がよい状態（幸福感の高さ，心理的適応の良好さ，自己肯定感や自尊感情の高さなど）でいることができるかを考えることです。もちろん，悲惨な出来事を経験して心身がよくない状態に陥ってしまっているのであれば，そこからの回復を考えることが大切です。しかしその一方で，そもそもその出来事を経験することを避けることができるのであれば，それに越したことはありません。また，経験したとしても早い段階で周囲から適切な支援を受け，ダメージを最小限に抑えることができれば，それは自分だけでそのダメージを全て受け止めるよりも望ましいはずです。

(2) 回復の要因

　レジリエンスを回復の過程だと捉えれば，その回復を支える要因についても考えることができるようになります。図1-4は，レジリエンスの回復過程を模式的に表したものです。図の縦軸は心理的な適応状態，横軸は時間の経過を表しており，時点（b）で困難な出来事を経験することで適応状態が落ち込み，時間の経過とともに回復する様子が描かれています。

　レジリエンスは，この曲線全体のことをさすこともありますし，（a）の準備状態をさすことも，（c）の回復の様子をさすことも，（d）の回復した結果を

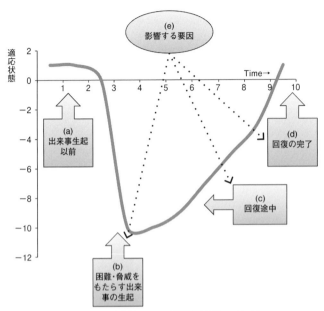

図1-4　レジリエンス過程（小塩，2012）

さすこともあります。さらに，この回復の過程に影響する要因（e）のことを
さしてレジリエンスと呼ぶこともあるのです。レジリエンス概念の複雑さは，
一口に「レジリエンス」という言葉で表現される内容が多岐にわたることから
生じていると考えられます（小塩，2014，2016）。

　レジリエンスに「I HAVE」（環境要因），「I AM」（個人内要因），「I CAN」
（能力要因）という3つの要素を考えることがあります（Grotberg, 1995）。I
HAVE は自分の周囲にいる人々，I AM は自分自身がもつ心理的な特性，そし
て I CAN は個人内の心理的側面の中でも能力に関連することを表していま
す。I HAVE の中には，家庭環境や親子関係，仲間や友人，学校環境や教育・
福祉政策など広い要因が含まれます。レジリエンスの過程を促進する要因（e）
には，個人内の心理的な要因だけでなく，社会全体を含む広い範囲の要素が含
まれるということを理解しておくことが大切です。

引用文献

Bonanno, G. A. (2004). Loss, trauma, and human resilience: Have we underestimated the human capacity to thrive after extremely aversive events? *American Psychologist, 59*, 20-28.

Grotberg, E. H. (1995). A guide to promoting resilience in children: Strengthening the human spirit. *Early childhood development: Practice and reflections, 8.* Bernard van Leer Foundation.

Kobasa, S. C. (1979). Stressful life events, personality, and health: An inquiry into hardiness. *Journal of Personality and Social Psychology, 37*, 1-11.

Lepore, S. J., & Revenson, T. A. (2006). Resilience and posttraumatic growth: Recovery, resistance, and reconfiguration. In Calhoun, L. G. & Tedeschi, R. G. (Eds.) *Handbook of posttraumatic growth: Research and practice.* Mahwah, NJ: Lawrence Erlbaum Associates. (pp.24-46).

Masten, A. S., Best, K., & Gramezy, N. (1990). Resilience and development: Contributions from the study of children who overcame adversity. *Development and Psychopathology, 2*, 425-444.

小塩真司 (2011). レジリエンス研究からみる「折れない心」. 児童心理, *65*, 62-68.

小塩真司 (2012). 質問紙によるレジリエンスの測定—妥当性の観点から—. 臨床精神医学, *41*, 151-156.

小塩真司 (2014). レジリエンスから見た生涯学習. 日本生涯教育学会年報, *35*, 3-16.

小塩真司 (2016). レジリエンス—回復する心—. 中間玲子 (編著)　自尊感情の心理学—理解を深める「取扱説明書」—. 金子書房. (pp.120-130).

Werner, E. E., & Smith, R. S. (1992). *Overcoming the odds: High risk children from birth to adulthood.* Ithaca: Cornell University Press.

Wortman, C. B., & Silver, R. C. (1989). The myths of coping with loss. *Journal of Consulting and Clinical Psychology, 57*, 349-357.

第2章

危険因子と保護因子

鄧　思昕・小塩真司

1 ● リスクはつきもの

　おとぎ話や神話，昔話の中で，主人公たちは何らかの危機的な状況を克服していきます。たとえ物語の最後がハッピーエンドであったとしても，途中で起きる奇妙な出来事や危機を乗り越える物語がなければ，その主人公が英雄として称えられることはないでしょう。このような物語の最後に登場するハッピーエンドは，悲劇を超越するものとして語られます（キャンベル，2015）。多くの物語の中で，そのストーリーは悲劇という下降線をたどり，その後，上昇していくようにカタルシスへと至ります。

　現実の生活の中では，無用な苦しみを味わうことはできれば避けたいものです。たとえば子どもたちが「お姫様になりたい」「王子様になりたい」ということはあっても，「王子様になって悪魔にとらわれたお姫様を，命をかけて助け出したい」ということはあまり想像できません。実際の生活や人生を思い浮かべるほど，お姫様の救出劇は無謀な挑戦に思えてくるのではないでしょうか。このように現実の生活を考えると，命をかけるような大きなリスクを前提とした目標の達成は，難しい選択となります。

　その一方で，私たちが日常生活を送る中では，どこかでリスクに直面する可能性があることも確かです。自分自身だけでなく家族や近しい人々の突然のけがや病気に直面するかもしれませんし，台風や豪雨などの自然災害も毎年のよ

うに各地で被害を出しています。そして，2020 年から始まった新型コロナウ
イルス感染症の拡大も，多くの人々を苦しめる結果をもたらしています。

　それだけではありません。私たちの日常生活の中には，ストレスフルな出来
事が数多く存在しています。日常のストレッサーを得点化した研究によると
(Holmes & Rahe, 1967)，幸せをもたらすかのように見える結婚であっても 43
項目中 7 位と高い順位に位置しています。また良好な関係へと至ることを示唆
する夫婦の和解についても 10 位に位置しています。このように，一見よいこ
とをもたらすと考えられる日常的な出来事であっても，大きな環境の変化や人
間関係はストレスをもたらす要因となりうるのです。

　私たちの生活がストレスを避けることができないのであれば，そこからどの
ように回復し，立ち直り，精神的な健康やよい状態を維持していくのかが課題
となります。それこそが，私たちにとってレジリエンスという概念が重要にな
るひとつの理由ではないでしょうか。

2 ● 出来事の判断からストレスへ

(1) 出来事とストレスのプロセス

　図 2-1 は，出来事とストレスが生じるプロセスに，レジリエンスを位置づけ
た仮説モデルです。これ以降は，この図に沿って説明していきたいと思いま
す。

　それぞれの人々は，異なる人生を歩んでいます。当たり前のことですが，あ
る人が経験する人生と別の人が経験する人生は異なっており，互いに相手の人
生で経験した内容を知ることは容易ではありません。全く同じ出来事を経験し
たとしても，その内容の受け止め方には大きな違いがあります。ラザルスと
フォルクマンは，この出来事の判断の段階のことを認知的評価と呼んでいます
(Lazarus & Folkman, 1984)。人々は出来事を，ポジティブなもの，ネガティ
ブなもの，あるいはどちらでもないものに位置づけます。そしてこの評価は，
次にどのような行動へと進んでいくかについての根拠となります。

　出来事がネガティブなものとして認知された場合，その出来事はストレスフ
ルなものだとみなされます。すると，そのストレスフルな出来事に対して何ら

かの対応をしようとする試みが生じます。これをコーピング（ストレスコーピング）といいます。コーピングがうまくいけば大きなストレス反応が生じることなく，健康な状態を維持することになります。

　その一方でコーピングが実行されたにもかかわらず，うまく機能しない場合，この出来事はストレッサーつまりストレスの原因となります。ただし，認知的な評価をするまでもなく，ストレッサーとして捉えられる場合もあります。大規模な災害や火災や事故など，自分自身ではコントロールできない出来事などがこれにあたります。いずれにしても，私たちは日常的に出来事をネガティブに評価してコーピングを行うことを経験しており，出来事について新たな情報がもたらされれば，さらに次のコーピングへとつながっていきます。何度もコーピングに失敗することが繰り返されストレッサーが慢性化していくと，ストレス反応も慢性的になることで，抑うつや不安などさまざまな心身の健康に関する問題へとつながっていきます。

(2) ストレス反応

　図2-1では，ストレッサーからストレス反応が生じる過程が描かれています。出来事がストレッサーとなり，その問題が解決されない状態が継続すると，ポジティブな反応が少なくなりネガティブな反応が多くなっていきます。このネガティブな反応のことを，ストレス反応といいます。ストレス反応には，泣きたい気分になったり気持ちが沈んだり心配したりする反応，怒りやイライラを感じる反応，物事に集中できなくなったり自信を失うような反応など

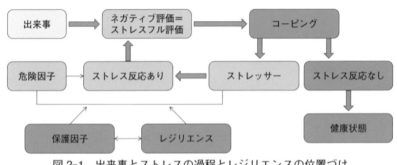

図2-1　出来事とストレスの過程とレジリエンスの位置づけ

が含まれます（鈴木ら，1997）。

　ストレス反応が生じると，次に生じる出来事の捉え方にも影響を与えていきます。すると，次々と出来事をネガティブに捉えがちになり，さらにストレス反応が生じていくというネガティブな過程が繰り返されていく可能性もあります。

(3) レジリエンスへの期待

　図2-1において，レジリエンスはストレッサーからストレス反応が生じる過程，また危険因子がストレス反応に影響する過程を抑制する要因として描かれています。なお，レジリエンスには複数の捉え方があるという点に注意が必要です。第1に，レジリエンスはストレス反応の低下，つまり回復そのものだという考え方です。また第2に，レジリエンスはストレス反応の低下をもたらす心理的な要因だという考え方です。

　図2-1は，後者の考え方で描かれています。出来事が生じてからストレス反応が生じるプロセスの外部にレジリエンスがあり，ストレス反応を低減していく役割を演じるという考え方です。ただし，レジリエンスの内容によっては，ネガティブな評価を抑制する可能性，コーピングを促進する可能性，ストレス反応が生じた後のプロセスに影響する可能性など，多様な可能性を考えることもできます。

(4) 保護因子

　ストレス反応を少なくするような要因のことを，保護因子といいます。図2-1では，レジリエンスと並んで，ストレスが生じる過程の外部に保護因子が描かれています。保護因子には，個人の要因，家族の要因，より広い社会的な要因など，多岐にわたるものが考えられます。そしてこの保護因子は，レジリエンスと密接な関係をもっています。

　たとえば，人間関係は保護因子のひとつの要素です。子どもと養育者との間に築かれる温かく良好な関係性や，適切な家庭内の教育，よい家庭の雰囲気，また養育者の十分な経済状況や高い学歴などは，本人の周囲にある保護因子といえます。また，十分な効果のある学校教育，クラブ活動や課外活動における

他者とのよい関係性，住んでいる地域の安全性や社会的サービスの充実など，地域や社会から与えられる豊かな環境も保護因子となります。

　個人内の要因に目を向けると，次章で説明されるレジリエンス尺度の内容の多くが，個人内における保護因子に相当すると考えられます。たとえば感情をうまくコントロールすることも，保護因子のひとつです（Troy & Mauss, 2011）。また，将来をポジティブで希望あるものとして捉えること，忍耐強くものごとに対処しようとすることなど，多くの個人内要因を考えることができます。

(5) 危険因子

　危険因子（リスク因子）は，出来事がストレッサーとなる確率を高め，ストレス反応を助長するような働きをする要因のことです。図2-1において危険因子は，ストレス反応に影響する要因として描かれていますが，ストレッサー自体も危険因子のひとつです。いずれかの段階で出来事をストレッサーだと認識しないようにすることも，危険因子を避けることにつながります。

　保護因子と危険因子は，表裏の関係性にあるとも考えられます。保護因子の欠如は危険因子となる可能性が高く，その中には冷たい人間関係や不適切な養育態度，危険な住環境など，多岐にわたるものが含まれます。

3 ● ストレス反応を抑制する

(1) ストレス反応に対するレジリエンス

　ストレス反応が生じたとしても，多くの場合には，時間の経過とともに徐々にストレッサーが生じる前の状態へと回復していきます。先にも述べたように，この回復の過程そのものも，レジリエンスと呼ばれます。この過程ではさまざまな保護因子がストレス反応を抑制し，もとの状態へと回復するように働きかけます（Davydov, Stewart, Ritchie, & Chaudieu, 2010）。

　普段の生活を送る中では，ストレッサーとなるような出来事がひとつだけ生じるとは限りません。生活も人生も複合的であり，ひとりの人物は多数の物事にかかわって生活しているからです。たとえば，職場の中でストレスフルな出

来事が生じれば，ひとつのレジリエンスのプロセスが働き始めます。しかし，職場の中での出来事はそれだけというわけではありません。同じ職場の中で別の出来事が生じるかもしれませんし，家庭の中であるいは全く別の場面でも何らかの問題が生じる可能性もあります。

　もしも同じ職場の中で似たようなパターンのストレスフルな出来事が生じた場合には，同じレジリエンスの過程でこの第2の出来事にも対処できる可能性があります。しかし，異なる内容の出来事にもとづいたストレスが生じている場合には，また違った内容のレジリエンスの過程が必要となる場合もあります。そして過程が異なれば，そこで必要とされる内容やそこから生じる結果も異なる可能性があります。

(2) 回復のスピード

　レジリエンスの研究の多くでは，レジリエンスを質問紙を用いた尺度で測定します（第3章および第4章も参照）。尺度で測定されるレジリエンスは，レジリエンスの個人差を反映しています。レジリエンス尺度の得点が高い人というのは回復のスピードが速く，回復後も良好な状態を保ちやすい人だと考えられます。

　ただし，この回復過程は1時間程度のこともあれば，数十年かけて達成されることもあると考えられます。子どもたちが成長する中で観察されるレジリエンスは，10年20年という時間をかけて達成される可能性があるのです。その一方で，日々の生活の中で生じる回復は，1日もかからずに達成されるかもしれません。このような短期間でのレジリエンスの様子は，今後も十分に検討される必要があると考えられます。

(3) 保護因子の役割

　レジリエンスは，回復過程そのものでもあり，回復過程に影響する心理的な要因でもあります。レジリエンスと保護因子は重なる部分もありつつ，別の要素も含むものです。図2-1でレジリエンスと保護因子が別の要素として描かれているのはそのためです。保護因子には，ストレスフルな出来事を経験する前からその人を保護する役割を演じるとともに，危機的な状況からの回復につな

がるレジリエンスを補助する要素も含まれます。

　このように考えると，豊かな保護因子を備えることは，回復過程としてのレジリエンスを育むことにも，心理的要因としてのレジリエンスを育むことにもつながる可能性が見えてきます。

　たとえば，学校現場でソーシャルスキルを身につけるソーシャルスキル・トレーニング（Social Skill Training; SST）を行った研究があります（小林・渡辺，2017）。このトレーニングは，人間関係についての基本的な知識や他の人々の感情の理解の仕方，自分の感情の理解と伝え方，人間関係の問題の解決方法などを学ぶことを通じて，対人的な適応能力の向上を目指すものとされています。研究結果を見ると，ソーシャルスキルのうち特に向社会的スキルの得点は，レジリエンスと正の関連を示していました。他の人を励ましたり助けたり，教えるといった向社会的な行動に結びつくソーシャルスキルを高めることは，レジリエンスと密接に関連している様子がうかがえます。また，ソーシャルスキル・トレーニングによってソーシャルスキルが向上することで，そこからレジリエンスの向上につながることも示唆されています。

　ただしここでも，複数の過程を想定することが可能です。まず，ソーシャルスキルのような人間関係の要素がレジリエンスの中にも含まれているという可能性です。この場合，トレーニングを行うことが直接的に，レジリエンスの要素を促進していくことになります。また，ソーシャルスキルの高まりが良好な人間関係を促進し，他者との関係性の中でレジリエンスが育まれていく可能性もあります。さらには，ソーシャルスキルの向上によって良好な人間関係が促進されれば，そのこと自体が保護因子ともなります。

4 ● 日常の中のレジリエンス

　レジリエンスという現象やプロセスは，私たちが日常生活を営む中で当然のように存在するものであり，とても身近な現象だといえます。また，レジリエンスは個人の中や周囲だけで生じる現象ではなく，家族やコミュニティ，企業や経済システム，国や自然の中でも生じる現象です。世界ではときに，大規模な原油流出事故のように，自然を大きく破壊する事故が起きることがありま

す。もちろん，一時的に自然は大きなダメージを負うことになるのですが，次第にもとの状態へと回復していきます。そして，そこで私たち人間が介入への手助けをすれば，それが保護因子として働き，回復を早めることにつながります。もちろん，私たち人間自身が事故を引き起こす要因にもなっていますので，自然にとってわれわれはリスク因子だともいえます。

　新型コロナウイルス感染症の拡大は，私たち個々人の生活だけでなく，社会全体についても危機的な状況をもたらしました。限られた範囲内での危機は，コミュニティや家族の単位で対応し，レジリエンスつまり回復に至るプロセスを歩むのですが，新型コロナウイルス感染症拡大のような世界的な危機を詳細に観察することで，社会全体のレジリエンスのプロセスと，そこに関係する保護因子の役割が明らかにされるかもしれません。

引用文献

キャンベル，J.　倉田真木・斎藤静代・関根光宏（訳）（2015）．千の顔をもつ英雄［新訳版］（上）（下）．早川書房．(Campbell, J. (1949). *The hero with a thousand faces*, Pantheon Books.)

Davydov, D. M., Stewart, R., Ritchie, K., & Chaudieu, I. (2010). Resilience and mental health. *Clinical Psychology Review, 30*, 479-495.

Holmes, T. H., & Rahe, R. H. (1967). The social readjustment rating scale. *Journal of Psychosomatic Research, 11*, 213-218.

小林朋子・渡辺弥生（2017）．ソーシャルスキル・トレーニングが中学生のレジリエンスに与える影響について．教育心理学研究，*65*，295-304.

Lazarus, R. S., & Folkman, S. (1984). *Stress, appraisal, and coping*. New York: Springer Publishing & Company.（ラザルス，R. S.・フォルクマン，S. 本明寛・春木　豊・織田正美（監訳）（1991）．ストレスの心理学―認知的評価と対処の研究―．実務教育出版）

鈴木伸一・嶋田洋徳・三浦正江・片柳弘司・右馬埜力也・坂野雄二（1997）．新しい心理的ストレス反応尺度（SRS-18）の開発と信頼性・妥当性の検討．行動医学研究，*4*，22-29.

Troy, A. S., & Mauss, I. B. (2011). Resilience in the face of stress: Emotion regulation as a protective factor. In Southwick, S. M., Litz, B. T., Charney, D., & Friedman, M. J. (Eds.). *Resilience and mental health: Challenges across the lifespan*. Cambridge: Cambridge University Press. (pp.30-44).

第3章

レジリエンスの測定

井隼経子

1 ● 多くの尺度

　レジリエンスの測定とは，何をどのように測っているのでしょうか。前章で見たように，レジリエンスの概念は非常に複雑で多くの概念を包含したものだといえます。そのため，一口にレジリエンスを測定するといってもさまざまな課題がありました。

　アメリカ心理学会（American Psychology Association: APA）では，レジリエンスを「とりわけ精神的，感情的，行動的な柔軟性と，外界や自己の要求への適応を通し，困難や，困難な人生経験にうまく適応するプロセス及びその結果である」と定義しています（American Psychology Association, n.d.）。つまり，レジリエンスを知るためには，本来であれば，困難なことが起きてからもとの状態に戻るまでの一連の過程を観察する必要があります。実際に，初期のレジリエンス研究では，そのような長い期間の観察によって個々人の適応の違いを検討してきました。たとえば，ウェルナーとスミス（Werner & Smith, 1992）の縦断的研究のように，特定の環境下に置かれた子どもたちを継続的に観察し，心身ともに健康に成長した者と何らかの問題症状を示した者を比べて何が違うのか，その特徴を知ろうとしていたのです。このような縦断的研究の方法は，さまざまな特徴を詳しく知ることができる一方，膨大な時間と労力がかかります。また，限られた対象の人々しか観察できず，たくさんの人々から

一度に情報を得ることは難しいのです。

　なるべく簡単に，そしてたくさんの人々からできるだけ多くの情報を得るために，また，研究協力者の負担を減らすために心理学の研究ではしばしば尺度が利用されます。尺度とは，いわゆるアンケート調査です。レジリエンスの研究でも，「レジリエンスとはどのようなものか」を知るために尺度が開発されてきました。このような尺度でレジリエンスを測定することによって，「環境等に適応している」という結果だけでなく，レジリエンスが高い人はどのような特徴をもっているのかということや，どのような心理的特性が困難な状況からの回復を導くのかということを数量的に，より簡便に知ることが可能になりました（Wagnild & Young, 1993; 小塩・中谷・金子・長峰，2002）。尺度の登場は，研究間でさまざまな比較を行ったり，複数回の測定を行うことで時間の経過によってレジリエンスがどのように変化したかを数値化して知ることができたりと，多くのメリットを生みました。レジリエンスを高める個人の資質や周囲のサポートなどは「資源」と呼ばれています。資源はこれまでのところ大きく分けて「個人内資源」と，「環境資源」とに分けられます。尺度は，これらの資源を私たちがどれくらいもっているのかを測定しているのです。それぞれの尺度は，研究の目的に応じてレジリエンスをさまざまな角度から観察し，必要と思われる「資源」を測定しようとしているのです（図3-1）。

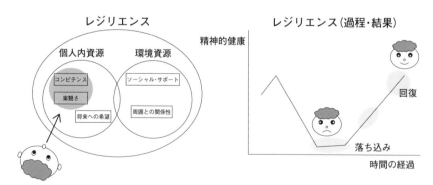

図3-1　レジリエンスの資源と測定の一例およびダメージからの回復の過程

　では，「レジリエンスを測定する尺度」にはどのようなものがあるのでしょうか。実は，とても多くの尺度がこれまでに開発されています。同じ「レジリエンス」を知るためのものであるにもかかわらず，なぜこれほど多様な尺度が開発されているのでしょうか。その理由のひとつは，レジリエンスが，さまざまな要因や概念を含む，複雑な心理的現象であるためです（井隼，2017a）。また，レジリエンスの概念や尺度は，一般的な人を対象とした研究の中で現象や仕組みの検討に用いられるだけでなく，いまや多岐にわたる生活場面で応用されるようになっています。教育現場，育児，スポーツ，キャリアや組織など多種多様なレジリエンスを調べるために，それぞれに対応する尺度が開発されてきました（表 3-1）。

　先程の APA の定義では，レジリエンスにかかわる要因でも「(a) 個人の世界の見方やかかわり方，(b) 社会的資源の利用可能性と質，(c) 特定の対処戦略」の 3 つが特に重要であると述べられています（American Psychology Association, n.d.）。これらひとつひとつについても，非常に多くの要因が存在

表 3-1　測定の対象別レジリエンス尺度の種類

対象		レジリエンス尺度
幼児期・児童期		高辻 (2002)，小花和 (2004)，長尾他 (2008)
思春期・青年期（中学・高校生）		石毛・無藤 (2005)，長田他 (2006)，荒井・上地 (2012)
一般成人（大学生含む）		小塩他 (2002)，森他 (2002)，井隼・中村 (2008)，齊藤・岡安 (2009)，佐藤・祐宗 (2009)，平野 (2010)，Nishi et al. (2010)，竹田・山本 (2013)，堀田他 (2012)
高齢期		石盛他 (2016)
特定の職業・状況	疾病等	小林他 (2002)，玉上 (2013)，村角他 (2013)，山口 (2013)
	医療従事者	藤原 (2009)，平野他 (2012)，儀藤他 (2013)，井原他 (2010)
	教育	紺野・丹藤 (2006)
	保育従事者	小原・武藤 (2005)
	育児（母親）	宮野他 (2014)，尾野他 (2012)
	留学生	松田他 (2012)
	スポーツ	上野・清水 (2012)，上野・雨宮・清水 (2015)
	キャリア	児玉 (2015)，高橋他 (2015)
家族・チーム・組織		得津・日下 (2006)，大山・野末 (2013)，Kikuchi & Yamaguchi (2013)

2002 年 -2016 年に開発された尺度である。井隼 (2017b) を改変。

します。研究者たちは自らの研究の中で多様なレジリエンス要因を明らかにすべく，研究目的に応じてさまざまな尺度を開発してきました。

　たとえば，多くの尺度のもとになったものは，ワグニルドとヤング（Wagnild & Young, 1993）によって開発されたものです。彼らは，高齢女性を対象とし，適応を促進させるポジティブなパーソナリティの特徴を知るために，レジリエンス・スケール（Resilience Scale: RS）を作成しました。ここでは，個人のコンピテンスと自己や人生への受容に着目し，このような特徴をどの程度もっているかを測定できるようにしました。この RS 尺度は現在，多くの国で翻訳され，レジリエンスを測定する尺度として用いられています。その他にも，ジュー，グリーンとクローガー（Jew, Green, & Kroger, 1999）やコーナーとデイビットソン（Connor & Davidson, 2003）のコーナー・デイビットソン回復力尺度（CD-RISC），スミスら（Smith, Dalen, Wiggins, Tooley, Christopher, & Bernard, 2008）が開発した短縮版レジリエンス尺度なども主な尺度として挙げることができます。

　ところで，これまでの尺度は主に，「レジリエンスが高い人は，どのような人なのか」を測定する，個人の資質と，「なにか問題が起こったときに，自分はどのように対処するか」という方略を測定することを狙いとしました。一方，先程の APA の定義にあったように，レジリエンスの要因には「社会的資源の利用可能性と質」があります。これは，どのようなものでしょうか。簡単にいうと，主にソーシャルサポートのことだと考えてよいでしょう。このソーシャルサポートの視点を尺度に取り入れたのはフリボーグ，ヘムダル，ローゼンビンゲとマルティヌッセン（Friborg, Hjemdal, Rosenvinge, & Martinussen, 2003）の成人用レジリエンス尺度です。彼らは，「ソーシャルサポート」，「家族の調和」のふたつを測定する項目を尺度に加え，個人の特性である個人内資源だけでなく，個人のもちうる環境資源を知ることができる，新しい成人用のレジリエンス尺度を作成しました。多くのレジリエンス尺度を分析したウィンドル，ベネットとノイエスの研究（Windle, Bennett, & Noyes, 2011）では，このフリボーグらの成人用レジリエンス尺度，CD-RISC，短縮版レジリエンス尺度は特に高く評価されました。

2 ● 尺度間の関連

　ここまでに見てきたように，レジリエンスを測定する尺度は非常に多く開発
されています。ここでは，主に日本でどのようなレジリエンスの尺度が開発さ
れてきたのかを見てみましょう。レジリエンスのどの部分を測定するのか，ど
のような対象を測定するためのものなのか多岐にわたる解釈をもとに，レジリ
エンスの一側面を測定するために多くの尺度があります。ワグニルドとヤング
（Wagnild & Young, 1993）の尺度は各国で翻訳され，最も利用されている尺
度のひとつですが，それを西ら（Nishi, Uehara, Kondo, & Matsuoka, 2010）
が日本語版 RS 尺度として翻訳し，信頼性，妥当性の検証をしています。RS
はもともと高齢女性を対象としていましたが，その後の研究で年齢，性別など
対象が広げられ，日本語版では看護大学生が調査に協力しています。その他に
も，小塩・中谷・金子・長峰（2002）は，「精神的回復力尺度」として「新奇
性追求」，「感情調整」，「肯定的な未来志向」を測定する尺度を開発し，これに
は大学生が調査に協力しました。同じく大学生を対象とした調査では，井隼・
中村（2008）が個人のもちうる特性的な要因と環境資源だけでなく，それらを
どのように用いるのかという 4 つの観点からレジリエンスを測定する四側面尺
度を作成し，平野（2010）は生得的な資質的要因と後天的に得る獲得的要因と
を測定する尺度を開発しています。さらに，ヒューら（Hiew, Mori, Shimizu,
& Tominaga, 2000）は，I AM, I HAVE, I CAN, I WILL（DO）という観点か
らレジリエンスを捉える尺度を作成しています。
　これらの尺度が対象とするのは一般的な成人ですが，年齢や対象を限定した
尺度もあります。たとえば年齢については，幼児期，中学生，高校生，大学
生，高齢者のそれぞれを対象としたものがあります。他にも，対象とする属性
や状況を限定した尺度も多数存在しています。それらは職業，疾病，キャリ
ア，ライフスタイルなどの多様な側面を測定しようとする尺度です。さらに表
3-1 で見たように，個人だけでなく，組織，集団全体のレジリエンスを測定す
る尺度も登場しました。
　これらの尺度を詳しく見ると，レジリエンスを高め，うまく機能させる要因

には数多くのものがあることが分かります。一口に「レジリエンス」といって
も，置かれる場面や対象者によってレジリエンスの働きや特に必要となる資源
が異なるためだと考えられます（井隼，2017b）。たとえば幼児と高校生で比
べてみると，高校生用のレジリエンス尺度のほうが周囲との関係性という資源
（友人，仲間，地域等）をより強調して扱っていますし，また，特定の疾患に
罹患した患者対象の尺度では，専門家のケアやサポートなど特殊な要因が加
わってきます。

　しかし，これらの尺度をよく見てみると，一見異なるように見えていても共
通点があるのです。表3-2には，尺度の中でよく取り上げられる要因をまとめ
ています。まずレジリエンス尺度で取り上げられる「資源」は，「個人内資源」
と「環境資源」の大きくふたつに分けられます。「個人内資源」は自分の特徴
や性格，能力，考え方などがあてはまります。たとえば，「新しいことや珍し
いことが好き」といった新奇性や「将来について希望をもっている」というよ
うなこれからのことについてどのような考えをもっているのかということで
す。個人内資源では，大きく分けて7つの要因が多くの尺度に共通して取り上
げられていました。最も多くの尺度に取り上げられていたのは，「楽観」で
す。楽観的であることは，どの年齢，場面，状況であってもレジリエンスに
とって非常に重要であるといえます。また，「自己に関する理解」，「未知の出
来事・未来への肯定的態度」，そして「感情・思考」や「性格・能力」も多く
取り上げられた要因です。これらの要因も楽観同様，いかなる場面であっても
レジリエンスには重要な要因となると考えられます。

　「環境資源」は主にソーシャルサポートです。ソーシャルサポートといって
も，どのような関係の人がいるのでしょうか。たとえば，「家族」や「友達」
資源はよく取り上げられます。家族資源や友達資源は，環境資源の中でもやは
りどの年齢，場面，状況であってもレジリエンスをうまく機能させるために重
要となるようです。もちろん家族や友達以外の要因もあります。困ったときに
手本とする存在「モデル」や，疾病等で専門家によるケアや助言を受ける「専
門家」，「地域・集団」など所属する集団内での存在などです。家族資源や友達
資源がどの尺度にも共通してよく取り上げられるのに対し，専門家資源や地
域・集団資源は比較的特定の集団のレジリエンスを測定する尺度で取り上げら

表3-2　本邦尺度で見られたレジリエンスの資源一覧（抜粋）

	楽観	自己に関する理解	未知の出来事・未来への肯定的態度	感情・思考	性格・能力	役割に対する姿勢	他者や出来事とのかかわり方
個人内資源	楽観性 楽観的思考 楽観的協働性 楽観的行動	自己有能感 自己効力感 自己志向性 自己尊重 自己理解 自己調整 有能感 社交性 ユーモア 自律性 コンピテンス	新奇性追求 新奇（規）性対応力 未来志向性 肯定的評価 肯定的（積極的）な未来志向 I WILL/I DO 新奇性・興味関心の多様性 長期的展望 生活での積極性 継続的対処	ストレス耐性 傷つきにくさ 関心の持続・多様性 熟慮的行動 状況分析行動 気晴らし行動 社会スキルの柔軟な利用 感情コントロール（調整） 問題解決能力 価値の転換 肯定的評価 受け止め力 適応力 現実受容 思考・感情・行動の整理 思考・感情・行動の切り替え	意欲 気質 個人特性 I AM, I HAVE 統率力 行動力 行動の切り替え 理解力・主張力	プロとしての誠実性 臨床研修に対する積極性 肯定的な看護への取り組み ペアレントスキル 母性感情 明確な役割意識 専門的スキルの向上.	関係志向性 結びつき 個と関係性のバランス 共通性 安定性 対等性 他者心理の理解 親和性 対人スキル 体験共有力 感情の共有 援助志向 多面的対処
環境資源	家族 家族資源 安らげる家庭	友達 友達資源	モデル 仲間・先輩資源 同僚 モデル 身近な人 社会的経済的資源 重要な他者 ソーシャルサポート部員	専門家 看護師・医師 保育者へのケア環境の充実 専門家資源	地域・集団 学校 地域 近隣 周囲からの支援		

井隼（2017b）にてピックアップした尺度から抽出

れることが多いようです。ソーシャルサポートはレジリエンスを働かせるためには非常に重要な要因です。家族や友人など身近な存在をベースとして，ときにそれ以外のコミュニティからのサポートも大きな意味をもつことがあるのです。

　このようにレジリエンスを測定する尺度は，個人内にある資源と周囲の環境にある資源のふたつをどれくらいもっているのか（ということに気づいているのか）を測定しています。それぞれの資源に含まれる要因は，研究の内容や先行研究で明らかになってきた知見をもとに重要であると考えられるものが取り上げられてきました。これらの資源は「個人内資源」－「環境資源」の分類の他に，平野（2010）のように，生まれながらにもっている「資質的要因」と後天的に増やしていく「獲得的要因」という軸で分類もできるでしょう。平野の尺度では，「資質的要因」には楽観性，統率力，社交性，行動力が含まれ，「獲得的要因」は問題解決試行，自己理解，他者心理の理解がそれに当たると明らかにされています。また，井隼・中村（2008）のように，どのような資源をもっているかという「個人内資源の認知」，「環境資源の認知」だけでなく，もっている資源をどのように使っているのかという「個人内資源の活用」，「環境資源の活用」という「認知」－「活用」の軸で資源を考えることも可能です。

　これまで見てきたように，レジリエンスの測定には，さまざまな工夫がなされてきました。上述したように近年では，個人のレジリエンスだけでなく，チームや職場などの集団・組織レジリエンス，キャリアや疾病など特定の状況におけるレジリエンスの測定も試みられており，それらに特有の要因も加えられることがあります。このような特定の対象や場面に応用する場合，一般的なレジリエンスの要因に加え，特定場面の要因が重要な場合があるからです。

　最初に述べたように，当初は限られた対象を，長い時間をかけ丁寧に観察し，その特徴や変化を知るという方法でその違いを検討していましたが，尺度の発展により，より簡便に，より多くのレジリエンスの特徴を知ることができるようになりました。現在，レジリエンスの測定は尺度だけでなく認知実験（米満・井隼・山田，2018; Grol & de Raedt, 2015）や脳機能（van der Werff, van den Berg, Pannekoek, Elzinga, & van dar Wee, 2013），生理指標（たとえ

ば，Lehrer, Steinhardt, Dubois, & Laudenslager, 2020）の計測も行われており，これらとの組み合わせにより，レジリエンスを形成するソフトウェア・ハードウェアの機能をより詳細に知ることができるようになってきています。今後ますます，レジリエンスが高いとはどのようなことなのか，レジリエンスが高い人はどのような特徴をもっているのか，そしてレジリエンスとはどのような機能なのかが解き明かされていくことでしょう。

引用文献

American Psychological Association (n.d.). "resilience", APA Dictionary of Psycohogy, https://dictionary.apa.org/resilience（April, 3, 2021.)

荒井信成・上地　勝（2012）．高校生用レジリエンス尺度の信頼性と妥当性の検討．筑波大学体育科学系紀要，*35*, 67-72.

Connor K. M., & Davidson, J. R. T. (2003). Development of a new resilience scale: The Connor-Davidson Resilience Scale (CD-RISC). *Depression Anxiety*, *18*(2), 76-82.

Friborg, O., Hjemdal, O., Rosenvinge, J. H., & Martinussen, M. (2003). A new rating scale for adult resilience: What are the central protective resources behind healthy adjustment? *International Journal of Methods in Psychiatric Research*, *12*, 65-76.

藤原千惠子（2009）．患者のレジリエンスを引き出す看護職者の支援．看護研究，*42*, 37-44.

儀藤政夫・井原　裕・尾形広行・加藤　彩（2013）．研修医レジリエンス尺度の作成および信頼性・妥当性の検討．精神医学，*55*, 1183-1190.

Grol, M., & De Raedt, R. (2015). The influence of psychological resilience on the relation between automatic stimulus evaluation and attentional breadth for surprised faces. *Cognition and Emotion*, *29*, 146-157.

Hiew, C. C., Mori, T., Shimizu, M., & Tominaga, M. (2000). Measurement of resilience development: Primary results with a state-trait resilience inventory. 広島大学大学院教育学研究科学習開発研究，*1*, 111-117.

平野真理（2010）．レジリエンスの資質的要因・獲得的要因の分類の試み―二次元レジリエンス要因尺度（BRS）の作成―．パーソナリティ研究，*19*, 94-106.

平野美樹子・小越佐知子・加藤真由美・森　美雅・捧恵美子（2012）．新人看護師レジリエンス尺度作成の試み．日本赤十字看護学会誌，*12*, 37-42.

堀田千絵・八田武志・杉浦ミドリ・岩原昭彦・有光興記・伊藤恵美・永原直子（2012）．中高年者におけるレジリエンス規定因―災害からの回復エピソードによる検討―．人間環境学研究，*10*, 123-129.

井原　裕・尾形広行・犬塚　彩・多田則子・永井敏郎・水野基樹 (2010)．看護師レ
　　ジリエンス尺度の開発と心理計測学的検討．総合病院精神医学, *22*, 210-220.

井隼経子 (2017a)．心のレジリエンスを測定する．Re 特集レジリエンス, *194*, 48-
　　51.

井隼経子 (2017b)．日本のレジリエンス尺度一覧と論文のリンク．https://sites.
　　google.com/site/ihayakeiko/home/psychologicalresiliencescaleinjapanese
　　(April, 3, 2021).

井隼経子・中村知靖 (2008)．資源の認知と活用を考慮したレジリエンスの 4 側面を
　　測定する 4 つの尺度．パーソナリティ研究, *17*, 39-49.

石毛みどり・無藤　隆 (2005)．中学生における精神的健康とレジリエンスおよび
　　ソーシャル・サポートとの関連―受験期の学業場面に着目して―．教育心理学
　　研究, *53*, 356-367.

石盛真徳・岡本民夫・三村浩史・長田侃士・小國英夫・小久保望・宮本三恵子・田
　　上優佳 (2016)．高齢者向けレジリエンス尺度作成の試み―生態学的アプローチ
　　―．追手門経済・経営研究, *23*, 1-23.

Jew, C. L., Green, K. E., & Kroger, J. (1999). Development and validation of a
　　measure of resiliency. *Measurement and Evaluation in Counseling and
　　Development, 32*, 75-89.

Kikuchi, A., & Yamaguchi, H. (2013). Organizational resilience: An investigation of
　　key factors that promote the rapid recovery of organizations. *Academic
　　Journal of Interdisciplinary Studies, 2*, 188-194.

小林正夫・松原　紫・平賀健太郎・原三智子・浜本和子・上田一博 (2002)．血液・
　　腫瘍性疾患患児のレジリエンス―入院, 両親の関わりおよび年齢による影響―.
　　日本小児血液学会雑誌, *16*, 129-134.

児玉真樹子 (2015)．キャリアレジリエンスの構成概念の検討と測定尺度の開発．心
　　理学研究, *86*, 150-159.

紺野　祐・丹藤　進 (2006)．教師の資質能力に関する調査研究―「教師レジリエン
　　ス」の視点から―．秋田県立大学総合科学研究彙報, *7*, 73-83.

Lehrer, H. M., Steinhardt, M. A., Dubois, S. K., & Laudenslager, M. L. (2020).
　　Perceived stress, psychological resilience, hair cortisol concentration, and
　　metabolic syndrome severity: A moderated mediation model.
　　Psychoneuroendocrinology, 113, 104510.

松田輝美・津田　彰・金浤淵・堀内　聡・鄧科・山本　登 (2012)．中国人留学生の
　　ための精神的回復力尺度中国語版の作成．久留米大学心理学研究：久留米大学
　　文学部心理学科・大学院心理学研究科紀要, *11*, 15-22.

宮野遊子・藤本美穂・山田純子・藤原千惠子 (2014)．育児関連レジリエンス尺度の
　　開発．日本小児看護学会誌, *23*, 1-7.

森　敏昭・清水益治・石田　潤・冨永美穂子・Hiew, C. C. (2002)．大学生の自己教

育力とレジリエンスの関係. 学校教育実践学研究, *8*, 179-187.

村角直子・稲垣美智子・多崎恵子・井上克己（2013）. 成人発症2型糖尿病患者の療養に伴うレジリエンス尺度の開発と信頼性・妥当性の検討. 金沢大学つるま保健学会誌, *37*, 33-45.

長尾史英・芝崎美和・山崎　晃（2008）. 幼児用レジリエンス尺度の作成. 幼年教育研究年報, *30*, 33-39.

長田春香・岩本文月・大秦加奈子・岡田洋子・蒲原由記・筒井翔子・松井希代子・関　秀俊（2006）. 中学生の日常的ストレスにおけるレジリエンスの意義. 小児保健研究. *65*, 246-254.

Nishi, D., Uehara, R., Kondo, M., & Matsuoka, Y. (2010). Reliability and validity of the Japanese version of the resilience scale and its short version. *BMC Research Notes, 3,* 310.

小花和 Wright 尚子（2004）. 幼児期のレジリエンス. ナカニシヤ出版.

小原敏郎・武藤安子（2005）.「保育の質」と「レジリエンス」概念との関連. 日本家政学会誌, *56*, 643-651.

尾野明未・奥田訓子・茂木俊彦（2012）. 子育てレジリエンス尺度の作成. ヒューマン・ケア研究, *12*, 98-108.

大山寧寧・野末武義（2013）. 家族レジリエンス測定尺度の作成および信頼性・妥当性の検討. 家族心理学研究, *27*, 57-70.

小塩真司・中谷素之・金子一史・長峰伸治（2002）. ネガティブな出来事からの立ち直りを導く心理的特性―精神的回復力尺度の作成―. カウンセリング研究, *35*, 57-65.

齊藤和貴・岡安孝弘（2009）. 大学生用レジリエンス尺度の作成. 明治大学心理社会学研究, *5*, 22-32.

佐藤琢志・祐宗省三（2009）. レジリエンス尺度の標準化の試み―『S-H式レジリエンス検査（パート1）』の作成および信頼性・妥当性の検討―. 看護研究, *42*, 45-52.

Smith, B. W., Dalen, J., Wiggins, K., Tooley, E., Christopher, P., & Bernard, J. (2008). The brief resilience scale: Assessing the ability to bounce back. *International Journal of Behavioral Medicine, 15,* 194-200.

高橋美保・石津和子・森田慎一郎（2015）. 成人版ライフキャリア・レジリエンス尺度の作成. 臨床心理学, *15*, 507-516.

高辻千恵（2002）. 幼児の園生活におけるレジリエンス尺度の作成と対人葛藤場面への反応による妥当性の検討. 教育心理学研究, *50*, 427-435.

竹田七恵・山本眞利子（2013）. 日本人大学生のレジリエンス尺度の開発及びレジリエンスと立ち直りと精神的健康に関する研究. 久留米大学心理学研究：久留米大学文学部心理学科・大学院心理学研究科紀要, *12*, 1-8.

玉上麻美（2013）. 不妊治療後に流産を経験した女性のレジリエンス測定尺度の開発

に関する研究．母性衛生，*54*，110-119.

得津慎子・日下菜穂子（2006）．家族レジリエンス尺度（FRI）作成による家族レジリエンス概念の臨床的導入のための検討．家族心理学研究，*20*，99-108.

上野雄己・雨宮　怜・清水安夫（2015）．高校運動部員のレジリエンスがバーンアウトに及ぼす影響性の検討．体育研究，*48*，1-20.

上野雄己・清水安夫（2012）．スポーツ競技者のレジリエンスに関する研究―大学生スポーツ競技者用心理的レジリエンス尺度の開発による検討―．スポーツ精神医学，*9*，68-85.

van der Werff, S. J., van den Berg, S. M., Pannekoek, J. N., Elzinga, B. M., & van der Wee, N. J. (2013). Neuroimaging resilience to stress: A review. *Frontiers in behavioral neuroscience*, *7*, 39.

Wagnild, G. M., & Young, H. M. (1993). Development and psychometric evaluation of the resilience scale. *Journal of Nursing Measurement*, *1*, 165-178.

Werner, E. E., & Smith, R. S. (1992). *Overcoming the odds: High risk children from birth to adulthood*. Ithaca, NY: Cornell University Press.

Windle, G., Bennett, K. M., & Noyes, J. (2011). A methodological review of resilience measurement scales. *Health and Quality of Life Outcomes*, *9*, 8. https://doi. org/10.1186/1477-7525-9-8.

山口　一（2013）．精神障がい者の家族のレジリエンス―尺度の作成と信頼性と妥当性の検討および家族・当事者属性，家族の抑うつ，不安，精神健康度，ソーシャルサポートとの関連―．病院・地域精神医学，*55*，365-368.

米満文哉・井隼経子・山田祐樹（2018）．レジリエンスと感情処理過程の関連性―注意の瞬き課題を用いた検討―．感情心理学研究，*25*，58-61.

第4章

レジリエンスに関連する心理特性

小塩真司

1 ● レジリエンスに関連する心理特性

　本章では，レジリエンスに関連する心理特性についてまとめていきます。レジリエンスはこれまでに数多くの心理特性との関連が検討されており，多くの論文の中で報告されてきています。

(1) 信頼性と妥当性

　一般的に尺度構成にはいくつかの方法がありますが，重要なことは信頼性と妥当性を検討することです。信頼性は測定の精度を表しており，測定された得点が時間的に安定しているかどうか（再検査信頼性）や複数の測定された得点がまとまっているかどうか（内的整合性）という観点で評価がなされます。一方で妥当性は，測定している内容が測定を意図する概念を反映しているかどうかを検討することです。

　妥当性にもいくつかの観点があるのですが，ひとつの重要な観点は，ある概念を測定している尺度が別の概念を測定する尺度と，予想通りの関連を示すことです。理論的に関連があることを予想して，予想通りに関連があることが観察されることを収束的妥当性，理論的に関連がないことを予想して，その通りに関連がないことが観察されることを弁別的妥当性といいます。この収束的妥当性と弁別的妥当性は，測定しようと試みている内容が実際に測定された内容

とどれくらい一致しているかという構成概念妥当性を検討する重要な観点です。

(2) Jingle-Jangle fallacies

　どうして，収束的妥当性と弁別的妥当性を検討することが重要なのでしょうか。パーソナリティの概念を検討する際によく指摘されることに，Jingle-Jangle fallacies という言葉があります（Kelley, 1927）。ここには，Jingle fallacy と Jangle fallacy というふたつの誤謬（fallacy）が含まれています。

　Jingle fallacy とは，本来は互いに異なるものであるにもかかわらず，同じ名前がつけられてしまうことをさします。例えば，内容的には全く異なっているのに，同じレジリエンスという名前がつけられてしまうような問題が生じている場合が，これに相当します。

　Jangle fallacy とは，本来は互いに同じ内容であるにもかかわらず，異なる名前がつけられてしまうことをさします。たとえば，同じストレスに対して頑健な特徴を示す心理特性をさして，ある研究者はそれをストレス耐性と呼び，別の研究者はハーディネスと呼び，また別の研究者はレジリエンスと呼ぶかもしれません。もちろん，実際には互いに概念上の違いが設定されているはずなのですが，多くの研究が行われる中で，結果的にこのような問題が生じてしまうことは十分に考えられます。

　これらの問題を避けるためにも，収束的妥当性と弁別的妥当性を検討することは重要です。レジリエンスがどのような変数に関連するのか，そしてどのような変数に関連しないのかを明らかにすることは，どのような概念により近く，どのような概念からより遠いのかを可視化することにつながるからです。

　レジリエンスは，ストレスフルな出来事に遭遇したときにダメージを抑制したり，回復を速めたりする要素となります。ということは，レジリエンスとして測定された変数は，ストレスに対する保護因子となるような心理変数とはプラスの，危険因子となるような心理変数とはマイナスの関連を示すと考えられます。では実際に，レジリエンスは他の心理学的な変数との間に，どのような関連が予想されるのでしょうか。ここからは，研究の中で見いだされた関連について見ていきたいと思います。

2 ● ビッグ・ファイブ・パーソナリティ

(1) ビッグ・ファイブ・パーソナリティとは

　ビッグ・ファイブ・パーソナリティは，人間のパーソナリティ（性格）全体を5つの次元で表現するモデルです（Goldberg, 1993）。この枠組みは，私たち人間の特徴のうち多くの人々に共有されるものは，私たちが用いる言語の一部に表現されるはずだという，基本語彙仮説という考え方にもとづいています。そして，辞書の中から人間を形容する単語を抽出し，整理していく研究が20世紀以降継続的に行われました。この単語の整理過程では，理論的・概念的に単語を整理するとともに，実際に調査を行いながら得られたデータを統計的に分析することで，各単語の類似性にもとづいて整理することが試みられてきました。そして1990年代以降，以下に示す5つのパーソナリティ次元が共通して見いだされるようになってきました。

(2) ビッグ・ファイブ・パーソナリティの内容

　ビッグ・ファイブ・パーソナリティとは，神経症傾向，外向性，開放性，協調性，勤勉性の5つのパーソナリティ次元から，全体的に人間を記述することを試みるものです。それぞれの内容は，次のようになります。

　第1に神経症傾向は，情緒的な不安定さや落ち込みやすさ，不安の強さやストレスに対する弱さを反映します。神経症傾向の低さは，情緒安定性と表現されることもあります。神経症傾向の高さは基本的にネガティブな特徴を表しますが，同時にメリットもあります。たとえば神経症傾向の高い人は，些細な危険の徴候を敏感に察知し，素早い対処行動につなげることが得意であると考えられます。

　第2に外向性は，活発さや明るさ，強い刺激や報酬を求める傾向に関連します。外向性は全体的な活動性の高さやポジティブな感情の抱きやすさを意味しており，一般的には好ましい特性だと考えられがちです。しかしその一方で，外向性が高い人はスリルや冒険を求め危険を厭わない傾向があり，その傾向は身体的な危険を伴う活動につながることもあるようです。

第3に開放性は，想像力や空想力，伝統にとらわれない自由な思考を反映します。また開放性の高さは，知的好奇心や進取的な政治的思想にも関連します。開放性という名称から，この特性を人間関係に特有のものだと考える人がいますが，人間関係というよりは思考の広さや自由さに関連する特性だといえます。

第4に協調性は，やさしさや利他性，他者を信用する傾向に関連します。協調性の高さは円滑な人間関係を営む志向性に関連し，集団生活を営む私たちにとって有益な結果をもたらすと考えられます。しかしその一方で，協調性の高さは無条件に他者を信用し，疑わない傾向も意味しています。置かれた状況によっては，他者が意図的に騙そうとする場面でもその意図を見抜くことをせず，被害を被ってしまうことにつながるかもしれません。協調性の高さも，よい面だけではないといえるでしょう。

そして第5に勤勉性は，まじめさや計画性，目標に向かう努力などを表します。勤勉性の高さは，学業成績や職業上の達成につながることが知られています（Barrick & Mount, 1991; Poropat, 2009）。全体的に見て，社会的に望ましい結果につながることが報告されてきていることから，勤勉性は伸ばしていくべき特性だとも考えられる傾向があります。しかしその一方で，勤勉性の高さは融通性に欠けた特徴をもち，病理的な徴候にもつながりやすい完全主義へとつながることも指摘されています（Smith et al., 2019）。

ビッグ・ファイブ・パーソナリティのどの特性も，高い（低い）からよい（悪い）ということを一概に結論づけることはできません。パーソナリティ特性の善し悪しというものは，置かれた状況と，結果として何がもたらされるのかに依存しています。しかしながら一般的に，神経症傾向の低さ（情緒安定性の高さ），外向性・開放性・協調性・勤勉性の高さの方向が，より望ましいパーソナリティ特性を表現すると考えられることは多いといえます。

(3) ビッグ・ファイブ・パーソナリティとレジリエンス

レジリエンスとビッグ・ファイブ・パーソナリティとの関連を，過去の研究結果を統合するメタ分析の手法でまとめた研究があります（Oshio, Taku, Hirano, & Saeed, 2018）。この研究では，エゴ・レジリエンスおよび心理的レジ

リエンス（本書におけるレジリエンス）と，ビッグ・ファイブ・パーソナリ
ティとの関連が検討されています。

　エゴ・レジリエンスは，状況に応じて柔軟に自我を調整することで，日常的
なストレスにうまく適応する心理特性です（小野寺，2015）。レジリエンスと
いう言葉が用いられていますが，異なる研究の歴史をもちます。心理学者ブ
ロックら（Block & Block, 1980）は，衝動の働きを統制する力をエゴ・コント
ロールとし，このエゴ・コントロールを柔軟に調整する能力をエゴ・レジリエ
ンスと考えました。エゴ・レジリエンスは成人のパーソナリティ特性としても
重要な研究上の位置を占めますが，特に発達の文脈でよく取り上げられる特性
です。

　では，ここではエゴ・レジリエンスではなく，心理的レジリエンスとビッ
グ・ファイブ・パーソナリティとの関連を検討した結果を見てみたいと思いま
す。これまでの相関係数を統合したところ，ビッグ・ファイブ・パーソナリ
ティとレジリエンスとの間には，次のような関連が報告されました。

　神経症傾向：－0.41

　外向性：0.40

　開放性：0.28

　協調性：0.27

　勤勉性：0.42

　レジリエンスと神経症傾向との間には負の関連，外向性・開放性・協調性・
勤勉性との間には正の関連が見られており，特に神経症傾向・外向性・勤勉性
との関連は比較的大きな値になっています。全体として，レジリエンスはパー
ソナリティの望ましくポジティブな側面と，全体的に関連する傾向を示してい
るということが分かります。

　加えて，複数のレジリエンス尺度の結果をメタ分析によって統合しているに
もかかわらず，使用している尺度の違いは見られませんでした。ですので，こ
の結果は，レジリエンスとして共通するものだということができそうです。

3 ● ポジティブな特性・ネガティブな特性

　レジリエンスとビッグ・ファイブ・パーソナリティとの関連を見ると，レジリエンスがポジティブな心理的個人差特性に関連することがうかがえます。では，他のポジティブな特性やネガティブな特性との関連はどのようなものになるのでしょうか。人生満足度や楽観性などのポジティブな心理特性と，不安や抑うつなどのネガティブな心理特性とレジリンスとの関連をメタ分析で検討した研究を見てみましょう（Lee et al., 2013）。

(1) ポジティブな特性・ネガティブな特性

　ここで取り上げている心理特性のうちポジティブなものは，表4-1のような特性です。これらはいずれも，ストレスに対して保護因子となりうると考えられるものです。その一方でネガティブな特性も，表4-1に示されています。こちらはいずれも，ストレスに対する危険因子つまり好ましくない結果をもたらす要因として取り上げることができるものです。

　レジリエンスが基本的にポジティブな心理的な傾向を意味するのであれば，ポジティブ特性とは正の関連，ネガティブ特性とは負の関連が見られるはずです。では，実際の結果はどうだったのでしょうか。

表4-1　研究で用いられたポジティブ特性とネガティブ特性の一覧

ポジティブ特性
人生満足度……過去から将来にわたる自分の人生の主観的な満足度
楽観性……よいことが生じるだろうという信念
肯定的感情……好ましい感情を抱く程度
自己効力感……物事をうまく行うことができるだろうという期待
自尊感情……自分自身をポジティブに評価する程度
社会的サポート……他の人から受ける支援の質や量
ネガティブ特性
不安……将来起こりそうな危険や苦痛を感じることから生じる不快な情動
抑うつ……意欲の減退や落ち込んだ状態が続くこと
否定的感情……好ましくない感情を抱く程度
知覚されたストレス……状況をストレスフルなものとして評価する程度
PTSD……心的外傷後ストレス障害の傾向

表4-2　レジリエンスとポジティブ・ネガティブ特性との関連

保護因子		危険因子	
特性	相関係数	特性	相関係数
人生満足度	0.43	不安	− 0.38
楽観性	0.42	抑うつ	− 0.39
肯定的感情	0.59	否定的感情	− 0.27
自己効力感	0.61	知覚されたストレス	− 0.36
自尊感情	0.55	PTSD	− 0.29
社会的サポート	0.41		

(2) 関連の結果

　表4-2は，複数の研究結果をメタ分析によって統合した結果として得られた，統合された相関係数です。レジリエンスは，人生満足度，楽観性，肯定的感情，自己効力感，自尊感情といったポジティブな特性とは中程度の正の関連，不安やPTSD（第5章参照）とは小から中程度の負の関連を示していました。

　この研究結果も，複数のレジリエンスを測定する尺度を用いて得られた結果が統合されたものです。レジリエンス尺度で測定される内容は全体的に，保護因子と正，危険因子と負の関連を示しています。したがって，たしかにレジリエンスは心理的によい状態へとつながる特性だということがいえそうです。

4 ● レジリエンスと心的外傷後成長

(1) 心的外傷後成長

　心的外傷後成長（Posttraumatic Growth; PTG）という概念があります。これは，非常につらい，ストレスフルな出来事に遭遇しても，その経験の中で何かを学び，そこからポジティブな心理的変化が生じることを意味します。

　心的外傷後成長の前提となるのは，人生の中核を揺れ動かすような衝撃をもった出来事です。そのような出来事を経験することはとてもつらいことなのですが，しばらく経つと，経験した出来事を自分なりに理解し，再構成するようになっていきます。すると，経験した出来事に向き合うことができるようになり，そこから成長へとつながると考えられています。

　心的外傷後成長には，「他者との関係」「人生の新たな可能性」「人間として
の強さへの自覚」「スピリチュアルな成長」「人生に対する感謝」という5つの
側面からなります（宅，2014）。他者との関係は，以前よりも他の人に対して
思いやりをもったり，孤独と向き合うようになったりする傾向を表します。人
生の新たな可能性は，大きな経験をすることによって，それ以前には見られな
かったような新しい可能性があると感じることです。人間としての強さの自覚
は，出来事を経験することで自分自身の強さを見つけたという感覚です。スピ
リチュアルな成長は，以前よりも信仰心を抱いたり，何かを信じるようになっ
たりすることをさします。そして人生に対する感謝は，出来事を経験すること
によって世の中に感謝をするようになることを意味します。心的外傷後成長と
は，これらのような全体的な変化を実感することを表しています。

(2) 心的外傷後成長とレジリエンス

　救急医療隊員を対象として，心的外傷後成長とレジリエンスとの関連を検討
した研究があります（Ogińska-Bulik & Kobylarczyk, 2015）。仕事をする中
で，心的外傷的な経験をしたことがある80名が，調査の対象となっていま
す。研究結果を見ると，レジリエンスと心的外傷後成長との関連は大きなもの
ではなく（相関係数で0.15程度），明確な関連ではありませんでした。レジリ
エンスとスピリチュアルな成長は，むしろ負の関連の傾向（相関係数で-0.14
程度）を示しています。

　レジリエンスと心的外傷後成長は，同じというよりも異なる概念だというこ
とがいえそうです。ただし，レジリエンスが経験したネガティブな出来事に対
してうまく対処することにつながっていった場合には，そこから成長へとつな
がる可能性があることも示されています。単にレジリエンスによって回復する
だけでなく，経験をうまく捉え，解釈していくことで，そこから成長につなげ
ていくことができるようです。

5 ● 測定されたレジリエンスが意味するもの

　尺度によって測定されたレジリエンスは，全体的にポジティブな心理特性と

正の関連を示し，ネガティブな心理特性と負の関連を示します。相関係数も比較的大きな値を示しており，レジリエンスのポジティブな機能が研究結果に反映されていると考えられます。一方で，レジリエンスは心的外傷後成長とは明確な関連を示しません。ネガティブな状態からの回復と，そこから成長することは，常につながっているわけではなさそうです。レジリエンスについて考える際には，何と関連し，何と関連しないのかをさらに明確にしていく必要がありそうです。

引用文献

Barrick, M. R., & Mount, M. K. (1991). The Big Five personality dimensions and job performance: A meta-analysis. *Personnel Psychology, 44*(1), 1-26.

Block, J. H., & Block, J. (1980). The role of ego-control and ego-resiliency in organization of behavior. In Collins, W. A. (Eds.), *Development of cognition, affect and social relations: The Minnesota symposia on child psychology*, Vol.13. Hillsdale, NJ: Lawrence Erlbaum Associates. pp.39-101.

Goldberg, L. B. (1993). The structure of phenotypic personality traits. *American Psychologist, 48*, 26-34.

Kelley, T. L. (1927). *Interpretation of educational measurements*. N.Y.: World Book Co.

Lee, J. H., Nam, S. K., Kim, A.-R., Kim, B., Lee, M. Y., & Lee, S. M. (2013). Resilience: A meta-analytic approach. *Journal of Counseling & Development, 91*, 269-279.

Ogińska-Bulik, N., & Kobylarczyk, M. (2015). Relation between resiliency and post-traumatic growth in a group of paramedics: The mediating role of coping strategies. *International Journal of Occupational Medicine and Environmental Health, 28*, 707-719.

小野寺敦子 (2015).「エゴ・レジリエンス」でメゲない自分をつくる本. 一藝社.

Oshio, A., Taku, K., Hirano, M., & Saeed, G. (2018). Resilience and Big Five personality traits: A meta-analysis. *Personality and Individual Differences, 127*, 54-60.

Poropat, A. E. (2009). A meta-analysis of the five-factor model of personality and academic performance. *Psychological Bulletin, 135*, 322-338.

Smith, M. M., Sherry, S. B., Vidovic, V., Saklofske, D. H., Stoeber, J., & Benoit, A. (2019). Perfectionism and the five-factor model of personality: A meta-analytic review. *Personality and Social Psychology Review, 23*(4), 367-390.

宅香菜子 (2014). 悲しみから人が成長するとき―PTG―. 風間書房.

第Ⅱ部
レジリエンスと臨床・教育

第 5 章

臨床場面でのレジリエンス

平野真理

1 ● 臨床場面におけるレジリエンス——崩れにくさと，生き延びて進む力

　ここ数年で，日本においてもレジリエンスという言葉が浸透し，さまざまな領域で用いられるようになりました。しかしながら，人々がレジリエンスという言葉で表そうとする「心の状態」あるいは「人間像」がどのようなものなのかは，その領域によってかなり幅があります。とりわけ日本では，ビジネスや教育の分野において，ポジティブ心理学の流れとしてレジリエンスという言葉が急速に多用されたこともあり，社会に生きる健康な人々がプラスにもつ「心の強さ」として認識されることが多いようです。一方で，臨床の領域においてレジリエンスという言葉が用いられる場合，その言葉でさし示されているものを純粋なプラスの力として受け取ってしまうと，認識のずれにつながるように思います。本章で述べる臨床領域におけるレジリエンスは，光に例えるならば，明るく輝くライトではなく，壊れてボロボロになっている中でぼんやりと，あるいはチカチカと点滅しながら，絞り出すように明かりを灯し続けるライトをイメージして読み進めてもらうのがよいかもしれません。

　また，一口に臨床場面といっても，個人のレジリエンスが求められる逆境状況が何であるのかによって，レジリエンスの意味するところは微妙に異なりますので，まずはそれらを確認したいと思います。表5-1に臨床場面においてレ

ジリエンスの文脈において取り上げられやすい精神疾患・症状をまとめました。臨床においてレジリエンスという言葉が最も用いられやすいのは，心的トラウマの場面です。つらい体験や喪失を経験することによって，人は心理的な傷つきを経験します。そのショックによって精神的に落ち込み，普段通りの生活が送れなくなることは，人として自然なことですが，通常はその後少しずつ日常を取り戻していくことができます。しかしながら，その体験が個人にとってあまりにも衝撃的なものである場合には，精神症状が出現したり（例：心的外傷後ストレス障害：PTSD），喪失体験を乗り越えていくことが困難となったり（例：複雑性悲嘆）することがあります。精神疾患の診断基準のひとつであるDSM-5には，心的外傷後ストレス障害を引き起こす心的外傷について，「実際にまたは危うく死ぬ，重症を負う，性的暴力を受ける出来事」を直接あるいは間接的に体験することと定義されています（American Psychiatric Association, 2013: 髙橋・大野監訳，2014）が，より具体的には災害・事故，暴力やレイプ被害，虐待，死別などの出来事がこうした深刻な状況を引き起こしやすいといえます。また，大切な者との死別においても，その別れが予期せず突然に訪れたり，未成年の子どもであったり，別れが重なった場合などに，複雑性悲嘆に陥りやすいとされています（山本，2014）。

表 5-1　臨床場面でのレジリエンスの文脈において取り上げられやすい精神疾患・症状

心的外傷後ストレス障害（PTSD）	生命を脅かすような非日常的なトラウマ体験の後に，その体験の鮮明なイメージのフラッシュバックや悪夢などに1か月以上苦しむ。それにより，その体験を思い出すような事柄を回避したり，強い不安やいらいら，緊張感，過敏さ，孤立感などが生じる。
急性ストレス障害	PTSD症状が，最初の1か月以内に症状が限定されるもの。
持続性複雑死別障害	重要な他者との死別後に，深い悲しみや苦痛，とらわれの症状が少なくとも12か月続く。複雑性悲嘆と呼ばれることもある。
うつ病	抑うつ気分が続いたり，興味や喜びを感じられなくなるとともに，睡眠や食欲の問題，集中困難，焦燥感，無価値感，罪責感，希死念慮などが生じる。
双極性障害	気分の高揚感や開放感とともに，自尊心の肥大や多弁，注意散漫，過活動によって社会活動に支障をきたす躁病期と，うつ病状態となる期間を循環的にくりかえす。
統合失調症	幻覚・妄想や，思考のまとまらなさ，認知の障害，感情の平板化などの症状がみられ，現実検討や社会適応がひどく損なわれてしまうことが多い。

（American Psychiatric Association, 2013: 髙橋・大野監訳，2014 を参考に作成）

　続いて，気分障害や統合失調症など，上記のような出来事への反応を除く精神疾患に対しても，レジリエンスが論じられることがあります。これらはPTSDのように明らかな外傷的な出来事に起因するものではないため，その原因も経過も個々の事例によってさまざまであり，より複雑です。ただしそれぞれの精神疾患には，発症しやすいリスク要因が存在することが明らかにされているため，それらのリスクが高いのにもかかわらず発症しないことをレジリエンスと捉えて焦点をあてる研究が行われてきました。また同時に，発症からどのように治療が進み回復できるか，再発せずに過ごせるか，といった観点からレジリエンスを理解しようとする研究も見られます。

　次に，ハンディキャップに対するレジリエンスです。これは，上記のPTSDや精神疾患のように，「機能を取り戻す」ことや「治る」ことに向かうレジリエンスではなく，はじめから「難しさを抱えている」ことを前提とした中での適応能力に焦点をあてるものです。劣悪な養育環境のような逃れられない逆境状況の中での発達や，生まれもった障害を抱えながら生きる人々が，いかにその状況を生き延び，柔軟に人生を切り開いていけるのかについての示唆を得ようとする研究知見が蓄積されています。

　これらの臨床領域におけるレジリエンス研究は，いずれも何らかの逆境状況による精神的な病理や不適応に関することを扱っていますが，じつはそこには大きくふたつの異なる焦点があります。ひとつは，逆境状況において「精神病理や不適応に陥りにくい力」をレジリエンスとする研究文脈です。ただしこれは，何の衝撃も受けないという意味ではなく，混乱し動揺しながらも，自分なりに対処し，あるいは歯を食いしばり，ギリギリのところで大きく崩れずに保てる力をさしています。もうひとつの焦点は，「落ち込んで打ちのめされた後に回復・適応していくプロセス」をレジリエンスとして理解する研究文脈です。この2種類のレジリエンスは，メカニズムモデル（Davylov, Stewart, Ritchie, & Chaudieu, 2010）で説明されるように一連の経時的プロセスと理解されることもありますが，現実においては，それぞれのレジリエンスが見いだされる対象は異なることが多いといえます。つまり，前者は「精神病理に陥らない」人々にとって重要視されるレジリエンスであり，後者は「精神病理に陥った」人々にとって重要視されるレジリエンスです。それは，両者が表現す

る「心の強さ」が質的に異なるということでもあります。そのため，本章では
ふたつのレジリエンスを「崩れにくさ」と「回復・適応のプロセス」として分
けて扱います。

2 ● 臨床場面におけるレジリエンス（1）──崩れにくさ

　まず，逆境状況において精神病理に陥らない力としてのレジリエンスについ
て見ていきましょう。図5-1は，心的外傷をもたらす出来事を体験した後の，
心の機能不全のパターンを示したものです。出来事の直後に深刻な機能不全に
陥り，その状態が継続する「慢性化」と，出来事の直後は比較的問題がないも
のの，時間が経つにつれて機能不全が顕在化してくる「遅延」のパターンは，
いずれも不適応の経過です。一方で，出来事の直後にはある程度の機能不全に
陥るものの徐々に回復していく「回復」パターン，そして，ほとんど機能不全
を示さない「レジリエンス」のパターンが存在します。2001年のアメリカの
同時多発テロの1か月後にマンハッタンで行われた調査では，人口の約1割の
人々がPTSD症状や亜症候性PTSD（診断基準には満たないものの，同様の
症状を呈する状態）の症状を示していたのに対して，4割以上の人々は，
PTSDの症状をひとつも示さなかったことが報告されました（Galea et al.,
2002）。ここでは，この4割の人々のように，PTSDになってもおかしくない
ような衝撃的な出来事にさらされたとしても，精神的に崩れずに日常生活を過
ごせる力がレジリエンスとされています。こうしたレジリエンスを示す人々
は，未来への期待を維持するための楽観性，出来事をリフレーミングするため
の認知的柔軟性，出来事のネガティブな影響を最小限に抑えたり，他者に助け
を求めるためのコーピングスキル，活動できるための身体的健康，孤独になら
ずサポートを得られるための社会的支援ネットワーク，利他的行動や人生の目
的をもつことにもつながる道徳心，といったレジリエンス要因をもっているこ
とが明らかにされています（Iacoviello & Charney, 2014）
　ただしボナンノ（Bonanno, 2004）が指摘するように，はじめはあまりレジ
リエンスを示さなかった人々が，心的外傷後の経過の中で大きな回復や適応力
を発揮していくこともあります。したがって図5-1の「回復」パターンにはそ

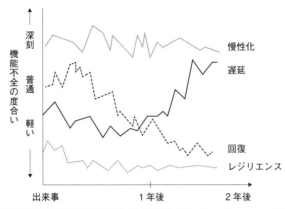

図5-1　心的外傷体験後の機能不全の典型的パターン（Bonanno, 2004 を翻訳）

うした人々が含まれていると考えられます。上述のマンハッタンの調査で
PTSDの診断基準を満たした人は7.5 ％いましたが，4か月後には1.7 ％，6か
月後には0.6 ％に低下したことが報告されています（Galea et al., 2003）。この
ことから，ストレスフルな出来事に対して機能不全に陥らない力に加えて，崩
れ切らずに（ここが重要なポイントともいえますが）回復していける力につい
ても，レジリエンスに含まれると考えてよいでしょう。

　PTSD以外の精神病理についての研究では，遺伝的な負因をもちながらも発
症せずに保てることをさして，レジリエンスと呼ぶことが多いです。たとえ
ば，双極性障害にはある程度の遺伝的素因が存在することが指摘されているた
め，理論的にはきょうだいは同じように負因をもつことになります。しかし実
際には，きょうだいの一方のみが発症し，一方は発症しないということが起こ
ります。そのようなきょうだいを比較した研究において，発症しなかったきょ
うだいは，発症したきょうだいと同じような感情的反応性をもちながらも，行
動調整に関係する内側前頭皮質の活動が増加しているという代償的な反応が見
られたことが報告されています（Krüger et al., 2006）。

　なお，PTSDにおいてもその他の精神病理においても，レジリエンスを考え
る上では診断の有無だけで議論すべきではありません。診断基準はあくまで操
作的なものですので，診断はつかずともグレーゾーンの症状に苦しんでいる可

能性があります。

3 ● 臨床場面におけるレジリエンス（2）——回復・適応の　プロセス

　続いて，PTSD や不適応に陥った状態から回復していくプロセスとしてのレジリエンスについて見ていきましょう。

　トラウマからの回復に関しては多くの研究知見が蓄積されていますが，たとえばハーマン（Herman, 1998）は，トラウマからの回復プロセスを，安全性を確立する第 1 段階，トラウマの物語を再構築する第 2 段階，他者とのつながりを再び取り戻す第 3 段階という 3 つの段階で説明しています。第 1 段階では，まず自分自身の身体を安全なものにするためのコントロールを取り戻していくことからはじめ，徐々に自分を取り巻く環境もコントロールしていけるようにします。自分を脅かす環境と離れて安全な環境と支援を得ることは，外から見れば必然に思えることですが，本人にとってはこれまでの人生で培った他者との関係や，その他の大切なものを失うことでもあるため，スムーズに進まないことがあります。第 2 段階では，安全な治療的関係の中でトラウマとなった出来事の記憶を語る中で，その物語と自らの信念を再構築し，人生の物語に統合的に組み込んでいきます。記憶に向き合うことは回復プロセスにおいて重要ですが，そのタイミングやペースは慎重に判断される必要があり，無理に向き合うことは危険です。また，完全に正しい記憶を想起し語ることは不可能であり，むしろ物語の曖昧さを受け入れていくことも重要であるといえます。この段階は非常に長い時間がかかり，再構築のプロセスは少しずつ進められるといいます。そして第 3 段階では，未来に向けて進んでいく準備を行います。他者と世界への信頼を取り戻し，再びつながりを築いていきます。

　またウォーリンら（Wolin & Wolin, 1993）は，問題のある家族から抜け出したサバイバーの心理的回復プロセスにおいて重要な要素として，洞察（自他について感じ，知り，理解すること），独立性（自立した上で最善の距離をとること），関係性（他者と親密で満足な関係をもつこと），イニシアティヴ（遂行への効力感をもつこと），創造性（想像力によって構成すること），ユーモア

（重大な現実を何でもない笑いにすること），モラル（よい人生と世界を願うこと），という7つの要素を挙げています。そして，その回復プロセスには波があり，レジリエンスが見られる時期と，脆弱になってしまう時期とが交互に繰り返される中で進むと述べています。すなわち，回復のプロセスは個人のもつさまざまな要素が流動的に機能しながら，紆余曲折しつつ進んでいくことが分かります。

　一方，精神疾患からの回復プロセスについては，多くの場合疾患ごとにその治療効果パターンが示されています（Kraus, Kadriu, Lanzenberger, Zarafe, & Kasper, 2019 など）。臨床の場において，精神疾患の治療のゴールは治癒ではなく寛解と呼ばれることが多くありますが，これは症状がなくなっている，あるいは問題にならないくらいに軽くなっている状態のことをさします。なぜなら疾患は一度発症すると再発を繰り返しやすい場合が多く，なかには不可逆的な機能不全を伴う病理もあります。また，不可逆的な障害を抱える人々の適応プロセスについても，個別の障害ごと，あるいは個別事例的な研究が行われやすく，また，当事者よりも周りで支える家族のレジリエンスに関する研究や臨床支援の方が目立ちます（McStay, Trembath, & Dissanayake, 2015 など）。

　臨床における回復は，基本的にはもとの状態に戻るということが不可能な場合が多いものです。すなわち回復プロセスは，もとに戻っていこうとするのではなく，新しい生活に適応していくために前に進む道のりであるといえます。その意味で臨床場面における回復プロセスは，完全に元通りにはならないことを諦めることから始まるともいえるかもしれません。

4 ● 臨床支援における視点

　本章では，臨床場面における「崩れにくさ」と「回復・適応のプロセス」というふたつのレジリエンスについて紹介しました。レジリエンス研究においては，「崩れにくさ」についての知見の方が目立ちますが，臨床支援を考える上では，どちらかというと「回復・適応のプロセス」の方が重要であると考えられます。なぜなら臨床の場は，「崩れてしまった」人が訪れる場であって，「崩れにくさ」のレジリエンスが高い人とはお会いしないからです。臨床の場を訪

れるレジリエンスが低い人に，レジリエンスが高い人のやり方を伝えてもうまくいかないことが多く，レジリエンスが低い人に対してはむしろ，適切な「回復・適応のプロセス」をサポートすることが大切です。

　また，臨床の場を訪れる人の多くは，「自分はレジリエンスが低い」という自己認識をもっています。しかしそれは，「崩れにくさ」のレジリエンスの低さであって，「回復・適応のプロセス」についてはあてはまりません。また，社会の中には，トラウマや精神病理からきれいなＵ字型で回復することを想定したり，もっといえばそうした傷を経て人間的に成長することを期待するような，暗黙に共有された回復ストーリーが存在します。本来，回復・適応は，その人のもつ特性や資源，そしてその人がどのように進んでいきたいかという志向性によってさまざまであり，そこには「高い／低い」「望ましい」はありません（平野・綾城・能登・今泉，2018）。神田橋（2012）はその著書の中で，自殺することもまたその人の「能力」であると表現し，広い意味で患者の資質を活かした「その人の治療法」を考えていくことの重要性を述べています。その人らしい回復や適応を支えるために，その人の足りない部分を見るのではなく，その人のもつ資源を引き出す視点をもつことが，臨床の場でレジリエンスという言葉を用いる意義であるといえるでしょう。

引用文献

American Psychiatric Association (2013). *Diagnostic and statistical manual of mental disorders (5th ed.)*. Washington, DC: American Psychiatric Association. （アメリカ精神医学会　髙橋三郎・大野　裕（監訳）(2014). DSM-5 精神疾患の診断・統計マニュアル．医学書院）

Bonanno, G. A. (2004). Loss, trauma, and human resilience: Have we underestimated the human capacity to thrive after extremely aversive events? *American psychologist, 59*(1), 20.

Davydov, D. M., Stewart, R., Ritchie, K., & Chaudieu, I. (2010). Resilience and mental health. *Clinical psychology review, 30*(5), 479-495.

Galea, S., Resnick, H., Ahern, J., Gold, J., Bucuvalas, M., Kilpatrick, D., Stuber, J., & Vlahov., D. (2002). Posttraumatic stress disorder in Manhattan, New York City, after the September 11th terrorist attacks. *Journal of Urban Health Studies, 79*, 340-353.

Galea, S., Vlahov, D., Resnick, H., Ahern, J., Ezra, S., Gold, J., Bucuvalas, M., &

Kilpatrick, D. (2003). Trends of probably post-traumatic stress disorder in New York City after the September 11th terrorist attacks. *American Journal of Epidemiology, 158*, 514-524.

Herman, J. L. (1998). Recovery from psychological trauma. *Psychiatry and Clinical Neurosciences, 52*(S1), S98-S103.

平野真理・綾城初穂・能登　睟・今泉加奈江（2018）．投影法から見るレジリエンスの多様性―回復への志向性という観点―．質的心理学研究，*17*，43-64.

Iacoviello, B. M., & Charney, D. S. (2014). Psychosocial facets of resilience: Implications for preventing posttrauma psychopathology, treating trauma survivors, and enhancing community resilience. *European Journal of Psychotraumatology, 5*(1), 23970.

神田橋條治・林　道彦・かしまえりこ（編）（2012）．神田橋條治　精神科講義．創元社．

Kraus, C., Kadriu, B., Lanzenberger, R., Zarate Jr, C. A., & Kasper, S. (2019). Prognosis and improved outcomes in major depression: A review. *Translational psychiatry, 9*(1), 1-17.

Krüger, S., Alda, M., Young, L. T., Goldapple, K., Parikh, S., & Mayberg, H. S. (2006). Risk and resilience markers in bipolar disorder: Brain responses to emotional challenge in bipolar patients and their healthy siblings. *American Journal of Psychiatry, 163*(2), 257-264.

McStay, R., Trembath, D., & Dissanayake, C. (2015). Raising a child with autism: A developmental perspective on family adaptation. *Current Developmental Disorders Reports, 2*(1), 65-83.

Pickard, H. (2014). *Stories of recovery: The role of narrative and hope in overcoming PTSD and PD*. The Oxford Handbook of Psychiatric Ethics. Oxford: Oxford University Press.

Wolin, J., & Wolin, S. (1993). *The resilient self: How survivors of troubled families rise above adversity*. New York: Villard Books.

山本　力（2014）．喪失と悲嘆の心理臨床学―様態モデルとモーニングワーク―．誠信書房．

第6章

教育場面でのレジリエンス

原　郁水

1 ● 学校教育における回復

(1) レジリエンスの重要性の高まり

　近年，社会の変化が加速度を増し，複雑で予測困難になってきていることを感じます。教育にかかわるさまざまな答申等でも Society5.0 時代が到来しつつあり，社会の在り方そのものが大きく変わる状況が生じつつあることが指摘されています（たとえば中央教育審議会, 2021）。Society5.0 とは，2016 年に閣議決定された第 5 期科学技術基本計画の中で初めて提唱された新しい社会の在り方です。2021 年に閣議決定された第 6 期科学技術・イノベーション基本計画では，第 5 期の内容等を踏まえ「サイバー空間とフィジカル空間を行動に融合させたシステムにより，経済発展と社会的課題の解決を両立する人間中心の社会」であると示され（内閣府, 2021），現在ではこの定義が多く用いられています。IoT（Internet of Things）で全ての人とモノがつながり，人工知能（AI）により，必要な情報が必要なときに提供されるようになり，ロボットや自動走行車などの技術で，少子高齢化，地方の過疎化，貧富の格差などの課題が克服される日が来るかもしれません。

　このような変化の激しい環境の中で，子どもの課題もさまざまなものが挙げられます。たとえば，2019 年度の小・中・高等学校及び特別支援学校におけるいじめの認知件数は 612,496 件，小・中学校における不登校児童生徒数は

181,272 人，小・中・高等学校における暴力行為の発生件数は 78,787 件であり，いずれも過去最高です（文部科学省，2020a）。また，児童相談所の児童虐待相談対応件数は 193,780 件でこちらも過去最高です（厚生労働省，2020）。2018 年度に就学援助を受けた児童生徒数は 1,374,897 人（文部科学省，2020b）と高い値を示しています。また，こういった状況になくとも 2014 年のデータではありますが，不安や悩みがあるといった児童生徒は，小学 5 ～ 6 年生で 43.8 ％，中学生が 58.5 ％，高校生等で 62.3 ％に上っています（厚生労働省，2014）。こうした中で，児童生徒が成長発達の過程で困難に出会うことは稀ではなく，学校教育の中でもレジリエンスの重要性が増しているといえます。

(2) 教育課程の中のレジリエンス

　我が国の学校教育における大きなニュースのひとつとして 2017 年に小学校及び中学校の学習指導要領が改訂されたことが挙げられます。翌 2018 年に高等学校版の改訂が行われました。学習指導要領は我が国の教育課程（カリキュラム）を編成する際の基準を定めたものです。そして，この改訂での大きな変更のひとつとして，全ての教科等の目標及び内容が「知識及び技能」，「思考力，判断力，表現力等」，「学びに向かう力，人間性等」の 3 つの柱で再整理されたことが挙げられます（文部科学省，2018a）。これは，学習指導要領改訂にあたっての議論（教育課程企画特別部会，2015a）やその際の配布資料（教育課程企画特別部会，2015b）によると OECD の「キー・コンピテンシー」やアメリカ等で注目されている「21 世紀型スキル」，「CCR フレームワーク（四次元の教育）」等のカリキュラムに関する先行研究や，「生きる力」等の流れを受け，さらに発展したものであるといえます。

　レジリエンスもこれと無関係ではありません。たとえば，現在の学習指導要領が目指すアプローチと重なりが大きいといわれている（たとえば，教育課程企画特別部会，2015b，2015c），CCR（Center for Curriculum Redesign）のフレームワーク（四次元の教育）では，育成すべき能力が「知識（Knowledge）」「スキル（Skills）」「人間性（Character）」「メタ学習（Meta-Learning）」の 4 つに整理されていますが，その中の「人間性」の中に「レジリエンス」が含まれています（Fadel, Bialik, & Trilling, 2015）。ここでいう「人間性」

は現在の学習指導要領でいうと「学びに向かう力・人間性」にあてはまるものです。

　また，レジリエンスは「生きる力」の構成要素のひとつであるという指摘もあります（森・清水・石田・富永・Hiew，2002）。生きる力は1996年に文部省の中央教育審議会が「21世紀を展望した我が国の教育の在り方について（第一次答申）」の中で表6-1のように示したことから始まり，1998年に改訂された学習指導要領の総則では，学校の教育活動の中で児童生徒に生きる力を育むことを目指すものとして示されました。この概念は社会の変化とともに多少形を変えながらも現在においても引き継がれています。日本の学校教育の世界でレジリエンスという言葉は直接的にはあまり出てきませんが，教育を通して身につける資質・能力のひとつとして「レジリエンス」が挙げられていることや生きる力との関連が指摘されていたことが分かります。

　また，小花和（2004）がまとめたレジリエンス要因の中でも，学校教育ですでに行われているものはたくさんあります。小花和（2004）の枠組みにおいてコンピテンスに含まれている「知的スキル・学業成績」やその他に含まれる「道徳心」「身体的健康」は学校教育の大きな目標のひとつであるといえますし，「努力志向性」は中学生でいうと特別の教科道徳の中の「希望と勇気，克己と強い意志」で扱われる内容と類似しているといえます。また，「自己効力感・有用感」についてもこれらを高めることをも目的としたさまざまな教育が行われています（たとえば，山尾，2018；笠井，2020）。我が国の学校教育の中に「レジリエンス」という言葉が入ってきたのは最近のことですが，レジリエンスを育成しようとする取り組みは以前からなされていた身近な存在であるといえるでしょう。

表6-1　答申における生きる力に関する記述（中央教育審議会，1996）

我々はこれからの子供たちに必要となるのは，いかに社会が変化しようと，自分で課題を見つけ，自ら学び，自ら考え，主体的に判断し，行動し，よりよく問題を解決する資質や能力など自己教育力であり，また，自らを律しつつ，他人とともに協調し，他人を思いやる心や感動する心など，豊かな人間性であると考えた。たくましく生きるための健康や体力が不可欠であることは言うまでもない。我々は，こうした資質や能力を，変化の激しいこれからの社会を，『生きる力』と称することとし，知，徳，体，これらをバランスよくはぐくんでいくことが重要であると考えた。

　さらに，近年では教科の中でレジリエンスについて教えようという動きもあります。学習指導要領改訂の過程で作成された資料の中で，高校の保健体育，科目保健の育成する資質・能力の中の「学びに向かう力・人間性等」に対応するものとして「健康・安全に関心をもち，自己の健康に関する取組を肯定的に捉えたり，レジリエンスを強化したりする力」との記述があり（教育課程特別部会，2015c），実際に，レジリエンスを保健の中に取り入れるかという議論も行われました（教育課程部会 体育・保健体育，健康，安全ワーキンググループ，2016）。さらにこういった過程を経て 2022 年度より実施される高等学校学習指導要領の中で，保健体育に「精神疾患の予防と回復」という項目が加わることとなりました。議論の過程でレジリエンスという言葉は指導要領の中には残らず，回復という言葉に変わりましたが，学校教育の中でレジリエンスに注目が集まっていることが分かります。今後よりレジリエンスの重要性が伝われば，学習指導要領の中にレジリエンスという言葉が加わり直接レジリエンスについて学ぶことになる日が来るかもしれません。

2 ● 回復を促す教育

(1) レジリエンシー・ホイール

　ベナード（Benard, 1991）は欧米のレジリエンス研究を概観し，子どもの回復力の発達を促進する学校の特徴として，①教師や友人との温かい関係を含めた思いやりと支援（Caring and Support），②教師が高い期待をもち，子どもたちの達成のために必要なサポートを提供すること（High Expectations），③学校環境の中で参加の機会を与え意味のある関与をし，責任ある役割を提供すること（Youth Participation and Involvement）の3点を挙げました。さらにヘンダーソンとミルステイン（Henderson & Milstein, 2003）はベナード（Benard, 1991）などの研究を発展させ，6つのステップからなるモデル「レジリエンシー・ホイール（The Resiliency Wheel）」を示しています（図6-1）。時計の12時の位置から右回りで見た初めの3ステップは環境の中にあるリスクを和らげる段階であり，①向社会的なつながりの増加，②明確で一貫した境界の設定，③ライフスキルの教授から構成されています。そして次の3ステップ

は④思いやりと支援の提供，⑤高い期待の設定と伝達，⑥有意義な参加の機会
の提供であり，環境の中でレジリエンスを育成する段階です。このレジリエン
シー・ホイールについてもう少し詳しく紹介すると，①向社会的なつながりの
増加は，人や活動との向社会的なつながりを増加させることを意味していま
す。②明確で一貫した境界の設定は，学校の方針や規則を作成し一貫して実施
することです。生徒のリスク行動への対処も含まれています。これらは明確に
記され，伝達され，一貫して実施される必要があります。③ライフスキルの教
授では，問題解決や意思決定，ストレス対処等のスキルが扱われます。これら
のスキルが適切に教えられ，強化されていればタバコやアルコール，ドラッグ
使用などの思春期の危機をうまく乗り越えることができます。④思いやりと支
援の提供には，無条件の肯定的評価と励ましを与えることが含まれます。この
部分はレジリエンスを促進する要素の中で大変重要であるため，レジリエン
シー・ホイールでは他の色より濃く塗られています。ここでいう思いやりや支
援は，必ずしも家族から得られるものではなく，教師や地域の人々，仲間，

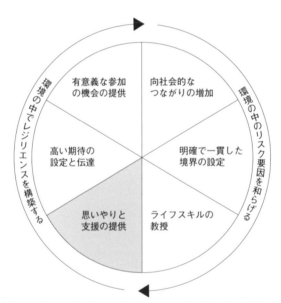

図6-1　レジリエンシー・ホイール（Henderson & Milstein, 2003, P12 から翻訳）

ット等もレジリエンスを高める役割を果たします。⑤高い期待の設定と伝達は，モチベーションを高めるために必要で，特に現実的かつ高い期待をもつことが重要です。しかし実際には，子どもたちは現実的でないほど低い期待を経験し，自分自身にもそれをあてはめます。⑥有意義な参加の機会の提供は，学校で起こることに対して多くの責任を与え，問題解決，意思決定，目標設定，他者への支援などの機会を提供することを意味します。

(2) 生徒指導とレジリエンス

　上記の内容は，学校の日常生活の中で子どものレジリエンスを高めるためのものです。そしてこれらを現在の日本の学校教育で行われていることにあてはめると，生徒指導が最も近いものであると考えます。

　先ほども述べた通り，近年学校教育の特に教科の中で学力だけでなく学びに向かう力・人間性等を育むことが重要視されてきましたが，従来こういった役割は生徒指導が担うと考えられてきました。生徒指導に関する基本書である生徒指導提要（文部科学省，2010）には表6-2の通りに記されています。

　下線部の①～③は生徒指導の三機能と呼ばれ，特に重要視されているところであるといえます。

　欧米での研究をまとめたベナード（Benard, 1991）やヘンダーソンとミルステイン（Henderson & Milstein, 2003）の主張と，生徒指導で行われていることには類似している点が見られます。たとえば，生徒指導提要には多様な集団生活の中で児童生徒それぞれに役割を受け持たせ，自己存在感をもたせることが大切だと記されていますが，これはベナード（Benard, 1991）の③参加のための機会の提供と似た内容を示していると考えられます。また共感的な人間関係の育成は，ベナードのいう①教師や友人との温かい関係と言い換えることが

表6-2　生徒指導提要（文部科学省，2010）

生徒指導は，一人一人の児童生徒の個性の伸長を図りながら，同時に社会的な資質や能力・態度を育成し，さらに将来において社会的に自己実現ができるような資質・態度を形成していくための指導・援助であり，個々の児童生徒の自己指導能力の育成を目指すものです。そのために，日々の教育活動においては，①児童生徒に自己存在感を与えること，②共感的な人間関係を育成すること，③自己決定の場を与え自己の可能性の開発を援助することの3点に特に留意することが求められています。　　　　　　（注　下線は筆者による）

できるでしょう。生徒指導上の問題行動等が起こった場合は毅然とした指導も行われますが，これはヘンダーソンとミルステイン（Henderson & Milstein, 2003）のさす②明確で一貫した境界の設定と似ています。このように，自己指導能力の育成を目指す生徒指導とレジリエンスの育成には類似点が多くあり，学校教育におけるレジリエンスの日常的な育成は生徒指導が担ってきた部分があるということができるのではないでしょうか。近年はレジリエンスの視点から教育相談（得能，2017）や不登校支援（内田・永尾，2015）が検討され，実際にレジリエンスを生かした不登校生徒への支援（池田，2014）も行われています。

(3) 部活動とレジリエンス

　そして，生徒指導だけでなく部活動でも同様の指導が行われることがあります。たとえば，「運動部活動の在り方に関する総合的なガイドライン」（スポーツ庁，2018）では，部活動での効果的な指導方法として，指導者と生徒との信頼関係づくりや生徒間の人間関係づくりを重視しています。また，活動の目標によっては生徒に期待をかけ肉体的負荷や精神的負荷を与えることがありますが，生徒の状況を把握し適切にフォローをすることが大切であるとしています。これは①向社会的なつながりの増加や④思いやりと支援の提供，⑤高い期待の設定と伝達等と重なる部分があると考えられます。また普段勉強が苦手な生徒でも部活動では活躍できるということは少なくありません。これは⑥有意義な参加の機会の提供につながることもありそうです。このように部活動での指導とレジリエンシー・ホイールとは重なる部分があるといえます。そしてこうした指導は運動部活動だけでなく文化部活動の中でも同様に行われていることであると推測できます。

　実際に，運動部活動とレジリエンスの研究がいくつかなされています。上野・若原（2013）は，運動部に所属している高校1，2年生に対して，運動部活動場面における心理的スキルである競技状況スキルと日常生活場面における心理的スキルであるライフスキル，精神的回復力について調査し，競技状況スキルがライフスキルを通してレジリエンスを高めていることを明らかにしています。また，杉田（2013）は大学生に対する調査によって，中・高校での部活

動経験と大学時のレジリエンスが一部関連しているということを明らかにしています。これらから，部活動は教育課程外の活動ではありますが，レジリエンスの育成という点では重要な役割を果たしているといえます。現在，学校教育における部活動とレジリエンスの関係について検討した研究はあまり多くありませんし，文化部活動とレジリエンスの関連についてはほとんど明らかにされていません。部活動は，教員の長時間労働の一因としても指摘されていますが（文部科学省，2017），今後，部活動のどのような活動がレジリエンスと関係しているのかをより詳細に検討することで，部活動の意義を再評価し，より効果的な指導につなげることができるのではないでしょうか。

(4) 養護教諭とレジリエンス

　また，養護教諭も児童生徒の回復に一役買っています。学校内でけがをしたときや具合が悪いときに児童生徒が行くのが保健室であり，対応するのが養護教諭です。時には心がつらいときにそれが身体症状として現れることもあります。そういった落ち込んでいるときに養護教諭の対応によって回復したという事例が報告されています（石田，2020）。こういったことは養護教諭にとっては普段の対応ですが，レジリエンスという視点から見ると養護教諭は重要な役割を果たしていると考えられます。

(5) レジリエンスを高める教育実践

　次にレジリエンスを高めるための教育実践に着目して述べていきます。欧米でレジリエンスを育成するための実践が1990年代ごろから行われており，さまざまなプログラムが実施されています。原・都築（2013）はこれらを概観し，「スキル重視型」「体験重視型」「環境整備重視型」の3つに分類しました。ここでは「体験重視型」「スキル重視型」について述べていきます。
　「体験重視型」に注目しこれを日本の学校教育にあてはめて考えると，体験活動が多く行われているのが特別活動や総合的な学習の時間です。特に特別活動は『小学校学習指導要領解説 特別活動編』（文部科学省，2018b）においても「特別活動は『なすことによって学ぶ』ことを方法原理とし」とあるように，体験活動が重視されていることが分かります。この『小学校学習指導要領

解説　特別活動編』ではさらに特別活動の基本的な生活と教育活動全体における意義として，「特別活動は，集団活動や体験的な活動を通して，多様な他者と人間関係を築き，協働して学級や学校文化の創造に参画する教育活動であり，人間関係形成や社会参画に資する力を育むことを目指すものである。また，その活動を通して，自分自身と他者とをともに尊重し，夢や希望をもって生きる自己実現の力を育むことが期待されている。」とその意義について書かれています。

　特別活動は教科のように学習内容が細かく定められているわけではありません。たとえば，特別活動の中には「学校行事」があり，その中には集団宿泊的行事がありますが，集団宿泊的行事を通してレジリエンスが高まることが示唆されています（湯川・志賀，2016）。特別活動は，先の学習指導要領改訂にあたっての中央教育審議会答申（中央教育審議会，2016）において「各学校で特色ある取り組みが進められている一方で，各活動において身に付けるべき資質・能力は何なのか，どのような学習過程を経ることにより資質・能力の向上につながるのかということが必ずしも意識されないまま指導が行われてきた実態もある。」と指摘されています。今後は，どういった活動がどのようなレジリエンスを高めるのかということを含めて検討することで，特別活動の意義を再確認することができるのではないでしょうか。

　また，近年ではスキル重視型の教育も学校で少しずつ行われており，その多くが特別活動の学級活動や道徳で行われているようです。たとえば森田（2012）は中学 2 年生を対象に学級活動や帰りの会，道徳などの時間を用いて，全 7 時間の実践「クラス・レジリエンスワーク」を行っていますし，横山（2015）は特別活動（学級活動）で「心の力を育てよう」と題して授業を行い，レジリエンスが高まったことを報告しています。また原・都築（2016）は小学校 5 年生に対して体育科の保健領域で授業を行っています。現在レジリエンスに関する教育は教科の中に位置づけられていないため，さまざまな教科や領域で行われていることが分かります。今後，我が国の子どもたちのレジリエンスを育成する教育実践及び効果評価が行われ，より普及していくことが望まれます。

(6) まとめ

　レジリエンスを促す教育は生徒指導や部活動指導などで日常的に行われており，さらに近年では学級活動や保健体育などの授業の中で行われています。日常生活における支援や指導と，授業時間における教育実践を，レジリエンスを育むという視点から連携させることで，学校教育の中でより効果的にレジリエンスを育成し，困難に直面しても回復することができる子どもが増えるのではないかと期待をしています。

※本稿は JSPS 科研費 JP21K13567 の助成を受けたものです。

引用文献

Benard, B. (1991). *Fostering resiliency in kids: Protective factors in the family, school and community*. San Francisco: WestEd Regional Educational Laboratory.

中央教育審議会（1996）．21 世紀を展望した我が国の教育の在り方について（第一次答申）．Retrieved from https://www.mext.go.jp/b_menu/shingi/chuuou/toushin/960701.htm

中央教育審議会（2016）．幼稚園，小学校，中学校，高等学校及び特別支援学校の学習指導要領等の改善及び必要な方策等について（答申）．Retrieved from https://www.mext.go.jp/b_menu/shingi/chukyo/chukyo0/toushin/__icsFiles/afieldfile/2017/01/10/1380902_0.pdf（2021 年 6 月 30 日）

中央教育審議会（2021）．「令和の日本型学校教育」の構築を目指して―全ての子供たちの可能性を引き出す，個別最適な学びと，協働的な学びの実現―（答申）．Retrieved from https://www.mext.go.jp/b_menu/shingi/chukyo/chukyo3/079/sonota/1412985_00002.htm（2021 年 6 月 30 日）

Fadel, C., Bialik, M., & Trilling, B. (2015). Four-dimensional education: The competencies learners need to succeed. Boston, MA: The Center for Curriculum Redesign.（ファデル，C.，ビアリック，M.，トリリング，B. 岸　学（監訳）（2016）．21 世紀の学習者と教育の 4 つの次元―知識，スキル，人間性，そしてメタ学習―．北大路書房）

原　郁水・都築繁幸（2013）．保健教育への応用を目指したレジリエンス育成プログラムに関する文献的考察．教科開発学論集, *1*, 225-236.

原　郁水・都築繁幸（2016）．小学 5 年生のレジリエンスを育成する授業の有効性に関する検討．日本教育保健学会年報, *24*, 39-49.

Henderson, N., & Milstein, M. M. (2003). *Resiliency in schools: Making it happen for students and educators*. Thousand Oak, California. Corwin Press, Inc.

池田誠喜（2014）．ひきこもる生徒の回復を目指した支援の実践―レジリエンスを増強することに焦点をあてて―．生徒指導学研究, *13*, 72-82.

石田敦子（2020）．子供のレジリエンスと養護教諭. 東海学校保健研究, *44*(1), 3-8.

笠井勇佑（2020）．仲間とかかわる中で自分らしく輝き, 自己有用感を味わえる児童の育成 ―「認め合い活動」を重視した体育科の授業実践を通して―．愛知教育大学教育実践研究科（教職大学院）修了報告論集, *11*, 61-70.

厚生労働省（2014）．平成 26 年度全国家庭児童調査. Retrieved from https://www.mhlw.go.jp/content/11920000/2kekkagaiyou.pdf（2021 年 6 月 30 日）

厚生労働省（2020）．令和元年度児童虐待相談対応件数（速報値）．Retrieved from https://www.mhlw.go.jp/content/000696156.pdf（2021 年 6 月 30 日）

教育課程部会 体育・保健体育, 健康, 安全ワーキンググループ（2016）．教育課程部会 体育・保健体育, 健康, 安全ワーキンググループ（第 5 回）議事録. Retrieved from https://www.mext.go.jp/b_menu/shingi/chukyo/chukyo3/072/siryo/1381952.htm（2021 年 6 月 30 日）

教育課程企画特別部会（2015a）．教育課程部会 教育課程企画特別部会（第 12 回）議事録. Retrieved from https://www.mext.go.jp/b_menu/shingi/chukyo/chukyo3/053/siryo/1365752.htm（2021 年 6 月 30 日）

教育課程企画特別部会（2015b）．教育課程部会 教育課程企画特別部会（第 12 回）資料 2　教育目標・内容と学習・指導方法, 学習評価の在り方に関する補足資料 ver.7. Retrieved from https://www.mext.go.jp/component/b_menu/shingi/toushin/__icsFiles/afieldfile/2015/09/24/1361110_2_4.pdf（2021 年 6 月 30 日）

教育課程企画特別部会（2015c）．教育課程部会 教育課程企画特別部会（第 12 回）参考資料 1　OECD との政策対話（第 2 回）について. Retrieved from https://www.mext.go.jp/b_menu/shingi/chukyo/chukyo3/053/siryo/__icsFiles/afieldfile/2015/08/04/1360597_6_1.pdf

文部科学省（2010）．生徒指導提要. 教育図書.

文部科学省（2017）．教員勤務実態調査（平成 28 年度）の分析結果について. Retrieved from https://www.mext.go.jp/component/a_menu/education/detail/__icsFiles/afieldfile/2018/09/27/1409224_001_4.pdf（2021 年 6 月 30 日）

文部科学省（2018a）．小学校学習指導要領（平成 29 年告示）解説　総則編. 東洋館出版社.

文部科学省（2018b）．小学校学習指導要領（平成 29 年告示）解説　特別活動編. 東洋館出版社.

文部科学省（2020a）．令和元年度　児童生徒の問題行動・不登校等生徒指導上の諸課題に関する調査結果. Retrieved from https://www.mext.go.jp/content/20201015-mext_jidou02-100002753_01.pdf（2021 年 6 月 30 日）

文部科学省（2020b）．平成30年度就学援助実施状況等調査結果．Retrieved from https://www.mext.go.jp/content/20200327-mxt_shuugaku-100001991_2. pdf（2021年6月30日）

森田　修（2012）．困難に立ち向かい乗り越えようとする力を育てる指導の工夫—「クラス・レジリエンスワーク」の活用を通して—．群馬県総合教育センター　平成24年度長期研修員の研究報告書 Retrieved from http://www2.gsn.ed.jp/houkoku/2012c/12c30/12c30hou.pdf（2021年6月30日）

森　敏昭・清水益治・石田　潤・冨永美穂子・Hiew, C. C.（2002）．大学生の自己教育力とレジリエンスの関係．学校教育実践学研究, *8*, 179-187.

内閣府（2021）．第6期科学技術・イノベーション基本計画本文（閣議決定）．Retrieved from https://www8.cao.go.jp/cstp/kihonkeikaku/6honbun.pdf（2021年6月30日）

小花和 Wright 尚子（2004）．幼児期のレジリエンス．ナカニシヤ出版.

スポーツ庁（2018）．運動部活動の在り方に関する総合的なガイドライン．Retrieved from https://www.mext.go.jp/sports/b_menu/shingi/013_index/toushin/__icsFiles/afieldfile/2018/03/19/1402624_1.pdf（2021年6月30日）

杉田郁代（2013）．体育系部活動経験が大学生のレジリエンスと日常生活スキルに与える影響．比治山大学現代文化学部紀要, *20*, 111-119.

得能彩子（2017）．生徒のレジリエンスを高める教育相談の在り方—教師によるソーシャル・サポートを通して—．広島大学大学院心理臨床教育研究センター紀要, *16*, 106-121.

内田利広・永尾彰子（2015）．不登校生徒を進路実現につなげるレジリエンスに関する研究—学校に行ける力の源をめぐって—．京都教育大学紀要, *127*, 103-118.

上野耕平・若原優二（2013）．高校における運動部活動経験と精神的回復力の関係．スポーツ産業学研究, *23*(2), 155-164.

山尾晃平（2018）．学習効果を実感させ，生徒の自己効力感を高める授業—ピア・フィードバック活動を通して英語学習への志向性を高める—．東京学芸大学教職大学院年報, *6*, 109-120.

湯川　枢・志賀亮太（2016）．なすかしの森セカンドスクールが参加児童に及ぼす効果と指導方法の検討—レジリエンスの変容に着目して—．独立行政法人国立青少年教育振興機構青少年教育研究センター紀要, *4*, 62-70.

横山陽子（2015）．児童の心の回復力を育てる保健指導の工夫—ネガティブな感情をコントロールする力を高める指導を通して—．広島県立教育センター　平成27年度教員長期研修　Retrieved from http://www.hiroshima-c.ed.jp/pdf/research/chouken/h27_kouki/kou23.pdf（2021年6月30日）

第**7**章

レジリエンス介入の試み

上野雄己

1 ● 日本における介入研究の現状

　レジリエンスは，心理的に脅威にさらされる状況において，心の健康が低くならないように防ぎ，健康を保つように働いてくれます（上野・飯村・雨宮・嘉瀬，2016）。そうした働きを示すレジリエンスを高めようと，教育や産業，医療，福祉，スポーツなどさまざまな場面で，レジリエンスへの介入や実践が行われています。けれども日本では，現場にて独自の実践こそ試みられているものの，どのような体験がレジリエンスを高めることができるのか，具体的な方法が確立されていないのが現状です。

　日本の学術誌・書誌情報のデータベースである CiNii によって，「レジリエンス」と「介入」の組み合わせで検索した結果（2021 年 2 月 1 日現在），介入前後を統計学的に検証した研究（学術誌論文）はわずか 6 件でした。研究による効果検証が全てではありませんが，対象となる人たちに，心理的に安全で，より大きな恩恵をもたらすプログラムを提供することは大切なことです。そのためには，どのようなプログラムが，個人のレジリエンスの変化に影響をもたらすのか，定量的に明らかにすることは必要だといえます。

2 ● レジリエンスを高めることが意味するもの

　そもそも、レジリエンスを「高める」とはどのような状態をさすのでしょうか。心理学において、レジリエンスを評価するひとつの方法として、自己報告式の尺度が使われています（第3章参照）。この尺度は、レジリエンスに関連する行動や思考、態度の質問項目で構成され、尺度に回答することで自身のレジリエンスが得点化されます。では、こうした尺度を用いて、介入前後のレジリエンス得点を比べた場合、その個人の中での得点の変化を、どのように解釈することができるでしょうか。

　ひとつの解釈として、経験やスキルを学習することが、新たなレジリエンスの獲得につながり、それらが得点の変化に影響をもたらしていると考えられます。もうひとつの解釈として、自己を見つめなおし、客観的に理解することで、もともともっていた資質への気づきが促された結果ともいえます（平野,2017）。幼い頃からもっていた、あるいはさまざまな経験を経て学習し身につけていたものの、そうした自分の資質に気づけなかったものが、介入を通して認識できたとき、得点の変化につながるのかもしれません。

3 ● レジリエンスを高める要因とは

　これまでに、レジリエンスを高める要因として、さまざまな要因が報告されてきました。アメリカ心理学会（American Psychological Association, 2002）は、レジリエンス育成のための10の要因を提唱しています。具体的には、①他者との関係性を築くこと、②危機を乗り越えられない問題であるとは捉えないこと、③変化を生活における一部分として受容すること、④目標に向かって進むこと、⑤断固とした行動を取ること、⑥自己発見の機会を求めること、⑦自分に対してポジティブな認知をもつこと、⑧事実を全体像の中で捉えること、⑨希望に満ちた見方をもつこと、⑩自分自身を大切にすることです。

　レジリエンスを促すものとして、個人の思考や態度、環境などが挙げられますが（Lepore & Revenson, 2006; Oshio, Taku, Hirano, & Saeed, 2018）、新た

な資質への気づきを得るためには，広い視野で自らの資質を捉える必要があります。たとえば，自分の中では，社交的な性格ではないと思っていても，他の人から見れば，社交的であると思われるかもしれません。客観的に，自己理解がうまくいかない人たちは，相対的にレジリエンスの得点が低くなるかもしれませんが，自己内省を繰り返し行っていく中で，自己理解が進み，新たなレジリエンスが見えてくる可能性があります。

4 ● レジリエンス・プログラムの特徴

　レジリエンスへの介入の多くは，認知行動療法（思考などの認知や行動に焦点をあてた心理療法）の考え方のひとつである ABC モデル（不適切な解釈を修正し正しい解釈ができるように導く治療的アプローチ：Ellis, 1962）を発展させたものでプログラムが構成されています。こうしたプログラムは，たとえば，レジリエンスの概念の理解や，ワークを通し過去の行動や体験に対する内省作業，新たな強みの発見などの内容があります（Boniwell & Ryan, 2009; Gillham, Brunwasser, & Freres, 2008）。

　けれども，これまでに開発されたプログラムでは個人ひとりの活動に制限されてしまうことが多く，新たなレジリエンスへの気づきを促すには刺激が小さく，効果が得られるまでに時間がかかることが懸念されます（Robertson, Cooper, Sarkar, & Curran, 2015）。では，どのような活動が効果的にレジリエンスを促すといえるのでしょうか。たとえば，大学生を対象にした，計15回（週1回90分）のスポーツ実技や健康に関する座学を実施した研究によれば，集団活動（4-5名のチーム）を通し，レジリエンスが高まったことが報告されています（Ueno & Hirano, 2017）。

　これまでのレジリエンス研究では，対象者ひとりに焦点があてられていましたが，レジリエンスは，その個人を取り巻く環境（たとえば，家族やコミュニティなど）から影響をうけて形成され，そして，変化することが知られています（Lepore & Revenson, 2006）。もしかしたら，新たなレジリエンスを見つけるためには，ひとりによる活動だけでなく，他の人と協働し，作業が行えるような，集団による活動も必要になるのではないでしょうか。さらに，現場の時

間的・人員的な環境を鑑みれば，一斉展開が可能な集団のプログラムの需要は高いといえます。

5 ● 個人と集団活動を通したレジリエンス・プログラム

では，こうした個人と集団からなる包括的なプログラムはレジリエンスを高める上で，本当に有効なのでしょうか。個人の中でのレジリエンスの拡がりの様子は，図7-1に示したように，ふたつの軸から考えることができます（平野，2017：上野・平野，2019，2020）。縦軸は個人–他者（拡がりのプロセス），横軸は発掘–増幅（拡がりの形態）となります。図7-1から考えられるように，レジリエンスへの介入は4つの領域に分けることができ，具体的には，①個人–増幅，②個人–発掘，③他者–発掘，④他者–増幅となります。

したがって，どのようにレジリエンスを「高める」のかによって，介入目的とその方法が変わります。けれども，この4領域のプログラムを導入することで，個々人のレジリエンスの総合的な気づきや獲得を促すことが可能になりま

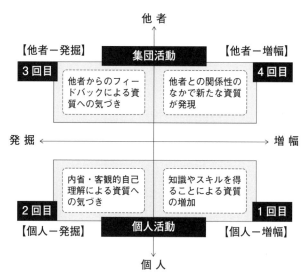

図7-1　レジリエンスの拡がりと介入順序
（平野（2017）と上野・平野（2019，2020）の図を著者が一部改変）

す。しかし，個人活動と集団活動の両者の要素を包含したレジリエンス・プログラムの効果検証の報告は少なく，今後，実証的な研究による効果検証の蓄積が必要になりそうです。そうした中，上野・平野（2019，2020）は，大学生を対象に，個人と集団活動から構成されるレジリエンス・プログラムの開発とその効果検証を行っています。

　具体的なプログラムの内容は，「個人・他者 − 発掘・増幅」の組み合わせからなる4領域から構成され，それぞれ以下の目的があります。①個人 − 増幅（個人活動）では新たな知識やスキルの獲得を目的，②個人 − 発掘（個人活動）では自身の過去を内省することでの新たな資質の気づきを目的，③他者 − 発掘（集団活動）では他者評価を通した自身の新たな資質の気づきを目的，④他者− 増幅（集団活動）では集団作業を通した新たな資質の気づきを目的としており，週1回（90分）計4回（3週間）のプログラムとなります。詳しいプログラムの内容については，表 7-1 をご覧ください。

　上野・平野（2019）の研究では，3グループ（介入群のみ）に対して，表 7-1 のプログラムを実施しました。その結果，介入前後でレジリエンス得点が向上し，概ね，全てのグループで安定した結果が得られています。その結果をうけ，上野・平野（2020）の研究では，プログラムの再検証を目的に，統制群（プログラムを実施していない群）を設定した非無作為化対照試験（非ランダム化）によって介入を実施しました。その結果，プログラムを実施した介入群では発達の中で身につけやすい獲得的レジリエンス要因の得点が向上し，統制群よりも介入群の方が獲得的レジリエンス要因の得点が高いことが報告されています。

　このように，3週間の計4回（週1回90分）という短期間の少ない介入で効果が得られたことは，対象者や実践者の心理的な負荷を考えても価値が高く，さまざまな場面への汎用性が高いといえます。しかしこのプログラムにおいてはいくつか課題も残されています。たとえば，もって生まれた気質との関連が強い資質的レジリエンス要因には効果が小さいことや，個人活動による介入前後ではレジリエンス得点の変化が促されなかったこと，対象者がランダム（無作為化対照試験）に選定されていないことなどが挙げられます。基礎研究と比較して，介入研究の報告はとても少なく，今後の蓄積が必要になりそうで

表7-1　個人と集団活動を通したレジリエンス・プログラムの内容
（上野・平野（2019）の表を著者が一部改変）

回	目的	活動	テーマ	プログラム内容
1	個人－増幅	個人	レジリエンスの概念の理解	心理学におけるレジリエンスの概念について先行研究（上野他，2016）を参考に紹介し，レジリエンスの定義や概念について説明しました。またレジリエンスの測定を行い，自身のレジリエンスについて理解を深めました。
2	個人－発掘	個人	個人活動を通した自身のレジリエンスの理解	6つ（①自分のレジリエンスを思い出す，②自分のレジリエンスを定義する，③自分の強みを確認する，④自分の回復アイテムを確認する，⑤自分の資源を確認する，⑥レジリエンスの種を貯める）のレジリエンス・ワークを実施しました（平野，2019；平野他，2018）。
3	他者－発掘	集団	他者からみた自身のレジリエンスの理解	グループ（約3～5人）を無作為に作成し，偏愛マップ（齋藤，2004）を用いた自己紹介を行い，メンバーの共通点を10個探す作業を実施しました。その後ジョハリの窓（Luft & Ingham, 1955）によって他者からの評価を通し，自身のレジリエンスの理解を促しました。
4	他者－増幅	集団	集団活動を通した自身のレジリエンスの理解	3回目と同様に，グループ（約3～5人）を無作為に作成し，2種類の課題（問題解決・創造性）に対して，先行研究（飛田，2014；三浦・飛田，2002）に倣い，集団で作業を行いました。

注1）介入手順はアイスブレイキング（呼吸法（腹式呼吸）や身体への注意（ストレッチを通した身体のモニタリング））を行い（10分），その後，各回のプログラム内容（約80分）を実施しました。ただし，2回目以降は前回の復習および，学生の質問に対するフィードバックをアイスブレイキング後に行いました。
注2）レジリエンスの測定には，平野（2010）の二次元レジリエンス要因尺度を用いています。

す。

6 ● レジリエンスを求める人たちに

　本章では，レジリエンスへの介入を紹介してきましたが，レジリエンスを高めることは手段であり，目的ではありません。もしかしたら，心理的な側面からではなく，物理的・身体的・社会経済的な側面から，優先的にアプローチすべき状況も考えられます。たとえば，けがや身体的病気を発症している人たち，生活困難により心身疲労している人たちなどです。

　レジリエンスが健康全般によい影響を与えるとなれば，レジリエンスが促進されるプログラムを実践したいと誰しもが思うかもしれません。しかし，レジリエンスは特効薬でも，万能薬でもないため，過剰にレジリエンスへの効用を

期待すべきではありません。本章で紹介した研究は，集団による平均値の変化を示しているにしか過ぎず，個人によって状況はさまざまですが場合によっては，特定の人たちへの健康を阻害し，増悪させる恐れがあります。

　レジリエンスは環境との相互作用で影響する要因が変化していくため，必ずしも高いことが適応的な結果を導くとは限りません。その個人の内的な特徴や，取り巻く環境とのバランスも踏まえて，必要なレジリエンス要因を高めていくことが必要です。レジリエンスを求める人たち，介入実践を行う人たちは，レジリエンスが及ぼす影響へのメリットとデメリットを考えて，介入手段のひとつとして，導入することが求められるといえるでしょう。

引用文献

American Psychological Association (2002). The road to resilience: Factors in resilience. Retrieved from https://www.uis.edu/counselingcenter/wp-content/uploads/sites/87/2013/04/the_road_to_resilience.pdf. (June 15, 2020)

Boniwell, I., & Ryan, L. (2009). *SPARK Resilience: A teacher's guide.* London, UK: University of East London.

Ellis, A. (1962). *Reason and emotion in psychotherapy.* New York: Lyle Stuart.

Gillham, J. E., Brunwasser, S. M., & Freres, D. R. (2008). Preventing depression in early adolescence: The Penn Resiliency Program. In Abela, J. R. Z., & Hankin, B. L. (Eds.), *Handbook of depression in children and adolescents* (pp.309-322). New York, NY: Guilford Press.

平野真理 (2010). レジリエンスの資質的要因・獲得的要因の分類の試み―二次元レジリエンス要因尺度 (BRS) の作成―. パーソナリティ研究, *19*, 94-106.

平野真理 (2017). 資質を涵養する―パーソナリティ心理学―. 臨床心理学, *17*(5), 669-672.

平野真理 (2019). 潜在的レジリエンスへの気づきを目的としたプログラムの試験的検討―グループワークによる多様性認識を通して―. 東京家政大学附属臨床相談センター紀要, *19*, 31-45.

平野真理・小倉加奈子・能登　眸・下山晴彦 (2018). レジリエンスの自己認識を目的とした予防的介入アプリケーションの検討―レジリエンスの「低い」人に効果的なサポートを目指して―. 臨床心理学, *18*(6), 731-742.

飛田　操 (2014). 成員の間の等質性・異質性と集団による問題解決パフォーマンス―課題の困難度の影響―. 福島大学人間発達文化学類論集, *20*, 29-36.

Lepore, S. J., & Revenson, T. A. (2006). Resilience and posttraumatic growth: Recovery, resistance, and reconfiguration. In Calhoun, L. G. & Tedeschi, R. G.

(Eds.), *Handbook of posttraumatic growth: Research & practice* (pp.24-46). Lawrence Erlbaum Associates Publishers.

Luft, J., & Ingham, H. (1955). *The Johari window: A graphic model for interpersonal relations.* University of California Western Training Lab.

三浦麻子・飛田　操　(2002).　集団が創造的であるためには―集団創造性に対する成員のアイディアの多様性と類似性の影響―.　実験社会心理学研究, *41*, 124-136.

Oshio, A., Taku, K., Hirano, M., & Saeed, G. (2018). Resilience and Big Five personality traits: A meta-analysis. *Personality and Individual Differences, 127,* 54-60.

Robertson, I. T., Cooper, C. L., Sarkar, M., & Curran, T. (2015). Resilience training in the workplace from 2003 to 2014: A systematic review. *Journal of Occupational and Organizational Psychology, 88,* 533-562.

齋藤　孝　(2004).　偏愛マップ―キラいな人がいなくなるコミュニケーション・メソッド―.　NTT 出版.

Ueno, Y., & Hirano, M. (2017). Changes in individual resilience affected by group characteristics: Focused on the homogeneity and heterogeneity of groups. *Journal of Physical Education Research, 4*(3), 48-60.

上野雄己・平野真理　(2019).　個人と集団活動を通したレジリエンス・プログラムの効果検討.　日本ヘルスサポート学会年報, *4*, 17-24.

上野雄己・平野真理　(2020).　個人と集団活動を通したレジリエンス・プログラムの再検証.　教育心理学研究, *68*, 322-331.

上野雄己・飯村周平・雨宮　怜・嘉瀬貴祥　(2016).　困難な状況からの回復や成長に対するアプローチ―レジリエンス，心的外傷後成長，マインドフルネスに着目して―.　心理学評論, *59*, 397-414.

第8章

養育とレジリエンス

岐部智恵子

　現代の社会問題ともなっているいじめや不登校，抑うつなどメンタルヘルス問題の低年齢化が示すように，子どもたちは日々の生活の中でもさまざまなストレスや困難に直面しています。レジリエンスが逆境や困難に屈せず，または影響を受けたとしても回復していく力動的・多次元的な構成概念であることに鑑みると，子どもが健やかに成長する発達の過程そのものが多面的なレジリエンスの帰結であると捉えることもできます。しかし，環境に対する操作可能性の相対的低さや発達の連続性という観点から，子どものレジリエンスを涵養するために養育が果たす役割は極めて大きいといえるでしょう。本章では，1.養育と子どもの発達について概観し，2.養育におけるリスクと防御要因について整理するとともに，3.レジリエンスを育む養育のメカニズムについて検討を進めていきます。また，子どものレジリエンスを育む要因として，4.養育者のレジリエンスについても触れ，最後に，5.養育を通した家族のレジリエンスについて論考していきましょう。

1 ● 養育と子どもの発達

　「養育」は，英語で「ペアレンティング（parenting）」といわれますが，親から子どもに対する一方向の行為ではなく，子どもの特性なども含めた多様な要因により決定されるダイナミックな親子間の相互作用であることを理解することが重要です。ベルスキー（Belsky, 1984）は実証研究の知見をもとに，養

育行動に影響を及ぼす多様な要因を包括的に組み込み，親子の相互作用をプロセスモデルとして表しました（図8-1）。たとえば，成育歴を背景に形成された親自身のパーソナリティ，夫婦間の関係性，仕事や社会的サポートネットワークの状況など，親の個人的，社会的要因が養育行動に関連するとともに，生得的な気質など子どもの特性も親の養育行動に影響を及ぼすことが知られています。このモデルが示すように，養育は親子を取り巻く家族や社会など多層なシステムに組み込まれ規定されているため，親子について理解を深めるとともに，その関係性や家族を包括する社会的文脈を考慮することも重要です。

　養育には多くの要因が複雑に絡み合うため，ここでは多様な養育行動を「受容」と「統制」というふたつの次元から紐解いてみましょう。たとえば，親は子どもの誕生を待つ準備の過程から，胎児に語りかけるなどして情緒的な絆を形成することができます。このように受容を基盤として親子の愛着（Bowlby, 1969）が築かれ，その後の子どもの社会性や自己の発達の基礎が形成されていきます。受容的な養育には，子どもに対する温かで肯定的な感情表現，ニーズへの敏感さや応答性，心理社会的なサポートなど，子どもの発達を促す共通の特徴が報告されています。一方，子どもの特性や発達に応じて親が適切な統制を行い，一貫した養育を行っていくことも健全な発達のためには欠かせません。たとえば，子どもが基本的な生活習慣を確立し自立して社会に適応していくためには，家庭内でのルールに加え社会的規範を伝え，しつけなどを通して行動を管理・統制することが求められます。バウムリンド（Baumrind, 1971）

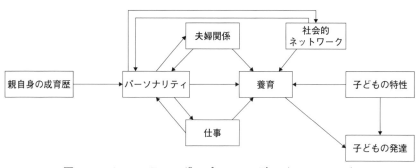

図8-1　ペアレンティングのプロセスモデル（Belsky, 1984）

は，養育行動における受容（応答性）と統制を軸として養育スタイルの類型化
を試み，受容的な温かさと一貫した統制がとれた権威的（authoritative）養
育，情緒的応答性に対して十分な統制ができていない許容的（permissive）養
育，厳しい管理や統制に傾いた権威主義（独裁）的（authoritarian）養育とい
う3つの養育スタイルを提唱しました。さらに，これらの養育スタイルに加え
て情緒的応答性も統制性も低い無関心−放任的（indifferent-uninvolved）養
育スタイルも提示され（Maccoby & Martin, 1983），過度に許容的な養育や権
威主義的な養育は子どもの内在化型問題・外在化型問題注1に関連すること，無
関心−放任的な養育は子どもの社会的，学業的なコンピテンスを低めるだけで
なく反社会的および衝動的な問題行動に関連することも報告されています
（Patterson, DeBaryshe, & Ramsey, 1989）。

　上述のように養育は多様な要因が複雑に関連し合うため，単純明快な正解が
あるわけではありません。しかし，表8-1に示したように，子どもの発達段階

表8-1　子どもの発達と養育の役割

発達段階	発達課題	養育者の役割
乳児期	生理的コントロール 愛着形成 安心感を基盤とした対人的相互作用	安全・衛生・栄養に配慮した基本的な世話 子どものニーズに敏感な情緒的な応答 愛情を基盤とするポジティブな働きかけ
幼児期	探索行動 情動制御 自律の感覚 性別認識と同一性 視点の取得（心の理論） 共感性の発達	安定した愛着と安全基地の提供 自律と依存の欲求の理解と支援 一貫したしつけ（情緒的受容と統制のバランス） 主体性を尊重した柔軟な監督 年齢相応の自立の援助 感情表現の言語的サポート
児童期 前期	自己制御（セルフコントロール） 社会的（家族外）対人関係 学校など集団への適応 自尊感情や自己効力感の形成	役割と価値観の明確な伝達 言語的コミュニケーションの支援 自立的機会の提供 情緒的発達のサポート
児童期 後期	学習と自律的意思決定の発達 協調性 同年代との仲間関係 社会規範の取り込みと適応	共感的な対話 社会的機会の提供 継続的しつけと社会的ルール順守の援助 他者の価値観や視点理解の援助
青年期	アイデンティティの確立 性の同一性の確立 同性・異性の友人関係の形成 家族からの自立 成人期移行・社会適応の準備	オープンなコミュニケーション 関与とサポート モニタリング 心理的な支援と資源へのアクセス援助 アドバイスや相談

に即して適応的な養育を行うことで，子どもの発達課題が達成され成長が促進されていきます。一方，成長過程で困難や逆境に遭遇した場合，養育を通して得られる心理社会的サポートや発達過程で子どもが獲得していく自尊感情や自己効力感，社会情動的スキルなどがレジリエンスの防御促進要因として機能していくことが知られています（Masten, 2001）。

2 ● 養育におけるリスクと防御要因

　養育が子どもの発達の基盤を形成することは前項で概観した通りですが，養育環境が子どもにとってリスクとなりうることも看過してはなりません。1970年代から報告され始めたレジリエンスに関する研究の多くは，親の精神病理，犯罪歴，夫婦間の不和，貧困など，家庭におけるさまざまな逆境にさらされながらも健全で好ましい発達を遂げた一群の子どもたちの存在に注目されたことがきっかけとなりました。ここでは子どもの発達を阻害する養育上の主なリスク要因と防御要因について概観していきましょう。

(1) 不適切な養育・虐待

　本来，愛情を基盤として子どもの健やかな成長を促すために行われる養育行動ですが，残念ながら不適切な養育（虐待）による子どもの被害が後を絶ちません。我が国の児童虐待防止法では，身体的虐待，性的虐待，ネグレクト，心理的虐待が規定され，これらは子どもに対する最も重大な権利侵害であるとして禁止されています。また，これまでの研究から，虐待は子どもの心身に深い傷を残すだけでなく，脳の発達や機能にもダメージを与えることが明らかになってきました（友田，2016）。特に，発達早期の被害は愛着形成に影響を及ぼし，情動性や社会性，認知発達を損なうことが報告されています。さらに，トラウマによる PTSD，うつ病などの精神障害，行為障害など社会適応困難につながったり，虐待経験を背負って親になった場合，子どもに対して不適切な養育を行うなど「負の世代間伝達」の側面も指摘されています。このような虐待にいたるリスク要因としては，親準備性ともいえる養護性の未発達，情動統御力や問題解決力の低さ，薬物などの物質乱用，精神障害，夫婦間の不和，孤

立，ストレスなどが挙げられています。一方，それらに対する防御要因として
は家族や友人などのサポート，親役割に対する満足感，役割と責任における対
処能力，親の自尊心の高さ，仕事や経済的安定などに加え，子どもの対処能力
や家庭外でのソーシャルサポートなどが報告されています（Fraser, 2004）。

(2)　親の精神病理

　これまで多くの研究が親の精神病理が子どもの心理社会的適応にとってリス
クとなることを指摘し，特に親の抑うつの影響については膨大な数の研究がな
されています。たとえば，うつ病の発症に関連する特定の遺伝的要因について
研究が進み，子どもがそれらの神経生理学的要因を気質やパーソナリティなど
の形質で受け継いでいく可能性が指摘されています。一方，うつ病は感情，認
知や行動表出に特定のパターンがあるため，それらの症状が養育行動に現れる
ことで，子どもに対する情緒的応答性や統制性が阻害されたり，親子関係や夫
婦関係にネガティブな影響が及び，子どもの心理社会的不適応に関連すること
も報告されています（Goodman & Gotlib, 1999）。

　しかし，親の精神病理は子どもの不適応を高めうるリスク要因であっても単
独で決定因となるわけではなく，複数のリスクの組み合わせで子どもにダメー
ジを与えると考えられます。親がうつ病に至る背景には，親自身の遺伝的要
因，自尊感情など自己知覚の低さ，夫婦間葛藤や心理社会的ストレス，育児困
難やサポート資源の乏しさなどが挙げられています。他方，防御要因として
は，配偶者からのサポート，家族の凝集性（まとまり）の高さ，子どもの社会
情緒的応答性のよさなど「扱いやすい」気質，良好な親子関係やソーシャルサ
ポートなどが報告されています（Cummings, Davies, & Campbell, 2000）。

(3)　夫婦間葛藤

　夫婦間の意見の相違や口論などは対人相互作用の一部として珍しいことでは
ありませんが，葛藤による怒りや非難，敵対など否定的な態度が長期間継続し
たり，うつ病，アルコール依存症や相手に対する暴力（DV），破壊的離婚など
に至る場合，養育を担う夫婦システムは機能不全に陥り，子どもにも深刻な影
響が及ぶことは容易に想像がつくでしょう。発達過程の中で「いつ」「どれく

らい」夫婦間葛藤にさらされるかによって異なりますが，子どもの情緒，認知，行動的側面に影響が及び不安や抑うつなどの内在化型問題や，攻撃性や非行などとして現れる外在化型問題などの精神病理に関連することが多くの研究から指摘されています。また，夫婦間葛藤の影響が子どもに及ぶメカニズムとしては，親の否定的な感情表現に繰り返しさらされることで夫婦間葛藤に対する閾値が低下し，葛藤場面に敏感に反応するという直接的影響（敏感化仮説注2）や，夫婦間葛藤による親の感情的余裕のなさが適切な養育を損なう間接的影響（スピルオーバー仮説注3），さらに，子どもの情緒安定性や葛藤に対する認知的枠組みの媒介による影響などさまざまなプロセスが指摘されています（Cummings et al., 2000）。

　一方，子どもは夫婦間葛藤の「建設的」な解決から葛藤場面での効果的な対処方略を学ぶという知見もあり，夫婦間の破壊的な葛藤に長期間さらされ続けるよりも，互いを尊重した別居や離婚などを肯定的な解決策と捉える選択も可能だといえます（Schaffer, 1998）。その他，夫婦間の不和は先に述べた虐待や精神病理など家族内の他の問題と共起することも少なくなく，その場合は累積効果により子どもの発達に長期的な影響を及ぼすこともあるため，家庭外のソーシャルサポートや介入などによりダメージを軽減させる支援が必要となります。

(4) 子どもの特性（脆弱性）

　図8-1で示した通り，子どもの特性が養育に影響を及ぼし親子の相互作用においてリスクとなることも少なくありません。特に子どもの脆弱性要因は相加的・累積的に他のリスク要因につながることもあるため，子どもの特性に起因するリスクについて理解しておくことは非常に重要です。たとえば，出生時の体重が2,500グラム未満の低出生体重児は，出生後にも医療的ケアが必要となり，発達の遅れや障害など乳幼児期や学齢期など発達段階ごとに多くのサポートを要するだけでなく，母親の産後うつ，育児不安やストレスなどと関連することが指摘されています。さらに，多胎児の場合は低出生体重と関連するだけでなく，子どもの数の多さに伴い育児や生活上の負担が増加するため，周産期医療や専門職などによる支援に加え，夫婦協働育児や親同士のコミュニティ，

行政のサポートなどが求められます（菅原，2016）。また，子どもに障害があった場合も親の養育負担や困難が増える他，自閉症スペクトラム，ADHDや学習障害などの発達障害は学齢期のいじめや学校不適応の報告も多く，家庭での養育だけでなく学校や専門機関などと連携した支援が欠かせません。

　その他，これまでの研究から子どもの生得的な気質が養育におけるリスクとなりうることが指摘されています。特に，少しの刺激にも過敏に反応する易刺激性，なだめるのに時間がかかるネガティブな情動性や情緒の不制御性，不慣れな人や場所などに対する回避傾向などの「難しい」気質は，養育困難や親の抑うつと関連するだけでなく，ネガティブな対人相互作用の蓄積の結果，子ども自身の社会情緒的発達のリスクとなることが報告されています（Rothbart & Bates, 2006）。気質はその後のパーソナリティ発達の基盤となる生得的な特性ですが，周囲が子どもの特性を理解して受容的に接するなどポジティブなかかわり方によって本人の自己肯定感を育むことが大切です。

　上述のように子どもの脆弱性などの特性が養育におけるリスク要因となることが知られていますが，これらの要因があるからこそ子どもに適応的に接するなど養育の過程で親としての人格発達が促されたり，家族が協力して困難を克服するなど親子のレジリエンスに関する適応的な側面も多く研究されるようになってきています。さらに，脆弱性の高い子どもほど，環境調整による恩恵が大きいという知見（Belsky & Pluess, 2009; Kibe, in press）もあり，子どもの特性に応じた多様なレジリエンスの姿を理解することが求められます。

3 ● レジリエンスを育む養育のメカニズム

　リスクとそれに対する防御要因は多種多様で，レジリエンスの様相も決して定式にあてはめられるものではありませんが，本項では子どものレジリエンスを育む防御要因として養育を位置づけ，ラター（Rutter, 1987）が提示した4つの防御プロセスに関連づけてメカニズムを検討していきましょう。

　まず，子どもがリスクに圧倒されないように，養育が防御要因として機能し，リスクの影響を軽減することが挙げられます（プロセス①）。たとえば，貧困や生活上の困難など家庭の問題に子どもが直面する場面を軽減させたり，

リスク体験の意味合いを調整して伝えることなど，子どもが受けるストレスを緩和することが考えられます。次に，リスク要因が累積的に相互作用し，新たなリスクを生成しないように，負の連鎖反応を軽減させ，環境調整による防御の役割を果たすことができます（プロセス②）。たとえば，DV や長期にわたる夫婦間葛藤のネガティブな影響が親子関係や子どもの発達に影響を及ばさないよう別居等により環境を調整したり，親子間の肯定的なコミュニケーションを意識するなどの養育上の配慮が考えられるでしょう。また，自尊感情や自己効力感の発達を支え，リスク下における子ども自身の適応的な行動を促し，ダメージから立ち直る支援をすることができます（プロセス③）。このような子どもの自己知覚は，表8-1の発達課題の中で示したように，情緒的絆を基盤として形成される親子関係（愛着）など，適切な養育の蓄積を通して確立されていきます。さらに，子どもが挑戦できる機会を開拓する（プロセス④）ことがレジリエンスにつながるという視点も重要でしょう。たとえば，子どもが挫折や逆境を経験した後に影響が長期化・重症化してしまわないようソーシャルサポートなどを通して社会的資源にアクセスするなど，挑戦の機会を作ることで新たな道が開ける可能性が十分にあります。しかし，これは養育を担う親だけが責任をもつものではなく，社会全体が再挑戦可能な環境となることが必要であり，そのために再挑戦する個人を受け入れる土壌を培うことも不可欠です。

　その他，ポジティブ心理学の知見を応用した子どもの「強み」の育成や，マインドセット（Yeager & Dweck, 2012）などの認知的枠組みを幼少期から培うことが可能です（日本ポジティブ教育協会，2017）。また，ストレスが「鋼うち効果」（steeling effect）をもち，失敗や困難を乗り越える経験によってコーピングや適応を高めるという負荷モデルはレジリエンスの本質の一端を照らしたものといえます（Garmezy, Masten, & Tellegen, 1984）。

4 ● 養育者のレジリエンス

　子育ての過程で親はさまざまな困難に遭遇することもあり，子どものレジリエンスを育むためには養育者自身のレジリエンスについて理解することも必要です（Gavidia-Payne, Denny, Davis, Francis, & Jackson, 2015）。まず，生活

における大きな変化やイベントはストレス要因ともなるため，ある程度の予測可能性を確保することで備えることができます。たとえば，子どもの誕生は喜ばしいライフイベントですが，同時に，親にとっては心身ともに大きな変化と負担を経験することにもなり，母親のみならず父親にも周産期抑うつが生じることがあります（Nishimura, Fujita, Katsuta, Ishihara, & Ohashi, 2015）。さらに，協働育児や家庭内役割をめぐって夫婦間の葛藤を経験することもあるため，出産に備えて準備をすることに加え，子どもの成長に合わせて発達理解に努め，柔軟に養育を調整することが求められます。また，児童期以降は親からの自立が進む一方で，学校や家庭外での問題，思春期・青年期に抱える問題も複雑になるため，モニタリングを怠らないと同時に普段から子どもが率直に相談できる受容的環境を備えておくことが大切です。特に，子どもに生得的な脆弱性（本章 p.76 参照）がある場合は，専門家や支援機関と早期につながり，ともに成長を支える環境を作ることが重要です。子どもを支えるためには夫婦間の協働に加え，家族や社会資源のサポートを活用することで親自身も困難を克服していく支えとなり，育児効力感の促進とともに親のレジリエンスが涵養されることも報告されています（Gavidia-Payne et al., 2015）。このように，養育の過程でさまざまな経験をすることで，親自身の人格発達が促されること（柏木・若松，1994）も養育者のレジリエンスを考える上で重要な視点です。

　その他，最近はレジリエンス概念に着目したペアレントトレーニングなどもあり，そのような機会を活用することで親としてのウェルビーイング注4を保ち自信をもって養育にあたることも期待されます。

5 ● 養育を通した家族のレジリエンス

　ここまで述べてきたように，養育は親子それぞれの特性や関係性，さらに，親子を取り巻く社会的要因などもかかわるダイナミックな相互作用であることが分かります。このように考えると，養育は親子の二者関係にとどまらず，家族全体の在り方にかかわる機能的側面をもつと捉えることも可能です。たとえば，家族が逆境や困難に直面した際，子どもへのネガティブな影響を軽減するために養育が調整されるとしたら，子どもだけでなく親自身のレジリエンスを

促進することにもつながり，家族がレジリエントな組織として有機的に機能すると考えることができます（Fernandez, Schwartz, Chun, & Dickson, 2012）。レジリエンスは個人だけでなく，集団や組織においても観察されうる心理社会的な概念であることから，養育という親子の相互作用が家族のレジリエンスに有用な示唆を投げかけるといえるでしょう。

　ウォルシュ（Walsh, 2016）は家族システム注5の観点から家族のレジリエンスを機能的，発達的側面をもつ動的プロセスと捉え，①逆境をどのように捉え，意味づけるかという家族の信念体系，②情緒的つながりを基盤とした柔軟な家族組織の在り方，そして，③率直な感情表現と明確なコミュニケーションによる家族の協働的問題解決のプロセス，という3つの領域が重要であると提唱しています。これらは親子の相互作用である養育を通して，日常の中で意識的に涵養することが可能です。変化の激しい予測困難な現代社会だからこそ，誰もが逆境を経験する可能性があることを念頭に，家族のレジリエンスを育んでいくことが肝要です。

　最後に，一人一人が違うように多様な家族の形があり，養育もさまざまな姿があります。ひとり親家庭，ステップファミリー注6，同性カップルの家庭など，伝統的家族形態とは異なるスタイルであっても，子どものニーズに敏感で，温かく共感的，また，知的発達や社会的スキルを育むポジティブな養育であれば良好な親子関係を築き，子どもの発達を促進することが研究から示されています（Abela & Walker, 2014）。親子がともに成長する生涯発達的観点をもって養育を捉え，多様性を包括し家族のウェルビーイングを支える豊かな社会の実現が求められます。

注
1．内在化問題は，恐怖，不安，抑うつや社会的引きこもりなど自己の内部に問題を抱え込むのに対して，外在化問題は多動性，衝動性，攻撃性や非行など周囲の人々や環境との間に葛藤や軋轢を生じさせる問題をさします。
2．特定の刺激を繰り返し経験することによって，それに対する反応が徐々に増大していく一種の学習プロセスをさします。
3．一方の経験や現象が「あふれ出す（spill over）」ように，もう一方にも同様の影響が及んでいく様子を表します。

4．ウェルビーイングには多くの側面が含まれますが，個人が精神的，身体的，社会的に健康でよい状態にいることをさします。
5．家族心理学において，家族はひとつのシステムであり，家族という構造の中に夫婦や親子などのサブシステムが存在し，それぞれが有機的に結びつくことで機能し，相互作用を通して発達・変容を遂げていくと考えられています。
6．子どもを連れた再婚や事実婚などにより，血縁関係のない親子や兄弟姉妹が含まれる家族形態をさします。

引用文献

Abela, A., & Walker, J. (2014). *Contemporary issues in family studies: Global perspectives on partnerships, parenting and support in a changing world*. Oxford: John Wiley & Sons.

Baumrind, D. (1971). Current patterns of parental authority. *Developmental Psychology Monograph, 4*, 101-103.

Belsky, J. (1984). The determinants of parenting: A process model. *Child Development, 55*, 83-96.

Belsky, J., & Pluess, M. (2009). Beyond diathesis stress: Differential susceptibility to environmental influences. *Psychological Bulletin, 135*, 885-908.

Bowlby, J. (1969). Attachment and loss v. 3 (Vol. 1). New York: Basic Books.

Cummings, E. M., Davies, P. T., & Campbell, S. B. (2000). *Developmental psychopathology and family process: Theory, research, and clinical implications*. New York: Guilford Publications. (カミングス，E. M.，デイヴィーズ，P. T.，キャンベル，S. B. 菅原ますみ（監訳）(2006)．発達精神病理学―子どもの精神病理の発達と家族関係―．ミネルヴァ書房)

Fernandez, I. T., Schwartz, J. P., Chun, H., & Dickson, G. (2012). Family resilience and parenting. In Becvar, D. S. (Ed.). *Handbook of Family Resilience* (pp.119-136). New York: Springer.

Fraser, M. W. (2004). *Risk and resilience in childhood: An ecological perspective (2nd ed)*. Washington D. C.: National Association of Social Workers. (フレイザー，M. W.（編著）門永朋子・岩間伸之・山縣文治（訳）(2009)．子どものリスクとレジリエンス―子どもの力を活かす援助―．ミネルヴァ書房)

Garmezy, N., Masten, A. S., & Tellegen, A. (1984). The study of stress and competence in children: A building block for developmental psychopathology. *Child Development, 55*, 97-111.

Gavidia-Payne, S., Denny, B., Davis, K., Francis, A., & Jackson, M. (2015). Parental resilience: A neglected construct in resilience research. *Clinical Psychologist, 19*, 111-121.

Goodman, S. H., & Gotlib, I. H. (1999). Risk for psychopathology in the children of depressed mothers: A developmental model for understanding mechanisms of transmission. *Psychological Review, 106*, 458-490.

柏木惠子・若松素子（1994）.「親となる」ことによる人格発達―生涯発達的視点から親を研究する試み―. 発達心理学研究, *5*, 72-83.

Kibe, C. (in press). Culture, individual difference, and student well-being: Embracing diversity for cultivating resilience. In King, R. B., Caleon, I. S., & Bernardo, A. (Eds.). *Positive Psychology and Positive Education in Asia: Understanding and Fostering Well-Being in Schools.* Singapore: Springer.

Maccoby, E. E., & Martin, J. A. (1983). Socialization in the context of the family: Parent-child interaction. In Mussen, P. H. & Hetherington, E. M. (Eds.), *Handbook of Child Psychology, 4: Socialization, Personality, and Social Development* (pp.1-101). New York: Wiley.

Masten, A. S. (2001). Ordinary magic: Resilience processes in development. *American Psychologist, 56*, 227-238.

日本ポジティブ教育協会（監修）足立啓美・岐部智恵子・鈴木水季・緩利　誠 (2017). イラスト版子どものためのポジティブ心理学―自分らしさを見つけやる気を引き出す51のワーク―. 合同出版.

Nishimura, A., Fujita, Y., Katsuta, M., Ishihara, A., & Ohashi, K. (2015). Paternal postnatal depression in Japan: An investigation of correlated factors including relationship with a partner. *BioMed Central Pregnancy and Childbirth, 15*, 1-8.

Patterson, G. R., DeBaryshe, B. D., & Ramsey, E. (1989). A developmental perspective on antisocial behavior. *American Psychologist, 44*, 329-335.

Rothbart, M. K., & Bates, J. E. (2006). Temperament. In Damon, W., Lerner, R., & Eisenberg, N. (Eds.). *Handbook of Child Psychology, 3: Social, Emotional, and Personality Development.* (pp.99-166). New Jersey: John Wiley & Sons.

Rutter, M. (1987). Psychosocial resilience and protective mechanisms. *American Journal of Orthopsychiatry, 57*, 316-331.

Schaffer, H. R. (1998). *Making decisions about children: Psychological questions and answers.* Oxford: Blackwell Publishing.（シャファー, H. R. 無藤　隆・佐藤恵理子（訳）(2001). 子どもの養育に心理学がいえること―発達と家族環境―. 新曜社）

菅原ますみ（2016）. 母子関係の形成と課題. 我部山キヨ子・菅原ますみ（編）基礎助産学［4］母子の心理・社会学 (pp.76-110). 医学書院.

友田明美（2016）. 被虐待者の脳科学研究. 児童青年精神医学とその近接領域, *57*, 719-729.

Walsh, F. (2016). Family resilience: A developmental systems framework. *European Journal of Developmental Psychology, 13*, 313-324.

Yeager, D. S., & Dweck, C. S. (2012). Mindsets that promote resilience: When students believe that personal characteristics can be developed. *Educational Psychologist, 47*, 302–314.

第III部
レジリエンスと日常生活

第9章

レジリエンスと人間関係

齊藤和貴

1 ● 2人のクローザー

　突然ですが，ドニー・ムーア（Moore, D.）という人をご存知でしょうか。メジャーリーグのオールスターに選ばれたこともあるピッチャーで，主に勝っている試合を締めるクローザーという役割を担っていました。ムーアは，所属チームの初のリーグ優勝を賭けた試合に登板し，"あと一球"まで迫ったにもかかわらず逆転されてしまいます。さらに，味方が追い付いた後にも失点したことで試合に負けてしまい，最終的にチームは初優勝のチャンスを逃してしまいました。ネットなどで検索をすると，試合直後のロッカールームで呆然とするムーアの写真を見ることができます。その後，彼はかなりの非難にさらされたようです。すると，翌年から成績は急落し，しばらくしてチームから解雇され，最終的には自ら命を絶ってしまいました。例の試合から，わずか3年後のことです。

　これは筆者が大学の講義で聞いたエピソードですが，もうひとつ似たような事例がありました。やはりクローザーだったマリアーノ・リベラ（Rivera, M.）という選手が直面したのは，より大きな舞台，この試合に勝ったチームがその年のワールドチャンピオンになるという場面でした。彼もリードしているタイミングで登板しますが，最終回に自身のミスが絡んで逆転サヨナラ負けを喫します。この試合は，同時多発テロから2か月も経っていない2001年11月4日

に行われており，チームが本拠地を置く「ニューヨーク市に捧げる優勝」（Rivera & Coffey, 2014）を寸前のところで逃したのです。リベラのショックは，どれほどのものだったでしょう。しかし，彼はその後も活躍を続け，引退する頃には通算セーブ数のギネス記録（2021年時点）を保持するレジェンドになっていました。彼の自伝（Rivera & Coffey, 2014）を読むと，リベラ本人がもつ力だけでなく，妻や息子，チームメイト，監督など多くの人にサポートされながら人生のさまざまな困難を乗り越えてきたことが記されています。

2 ● レジリエンスをもたらす人間関係

　レジリエンスと人間関係を考える際，「レジリエンスをもたらす要因としての人間関係」という視点があります。個人要因が「家族」や「外部のサポート資源」などの環境要因と相互作用を生み出すためには，ほとんどの場合で人間関係が発生します（図9-1）。そのため，初期の研究からレジリエンスをもたらす人間関係や対人関係に関連する要因が指摘されてきました。たとえば，ウェルナー（Werner, 1989）やガルムジー（Garmezy, 1991）は"社交性"や"他者への良好な応答性""コミュニケーションスキル"などの人間関係を良好にするための個人要因や，"強い絆を結んでいる家族成員""優しく気にかけて

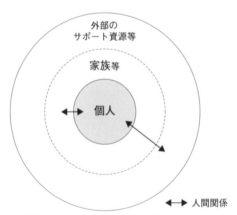

図9-1　レジリエンス要因における人間関係の発生（Daniel & Wassell, 2002を改変）

くれる教師”“地域の結びつきを育む教会”など，環境における人間関係とそれを育む場を数多く挙げています。

　また，ポジティブな友人関係がレジリエンスと関連することも分かっています。たとえば，友人の数や高い友人関係満足感，友人や仲間とのコミュニケーションが多いこととレジリエンスの高さに関連が示唆されたり（本田，2018；大谷・冨澤・筒井，2016），親や教師からよりも，友人からの承認や受容といった経験がレジリエンスへ強く影響していたことが報告されたりしています（仲埜，2017）。さらに，クリスら（Criss, Pettit, Bates, Dodge, & Lapp, 2002）は低い社会経済的地位や暴力的な夫婦間の不和，叩くなどの厳しいしつけは子どもの問題行動と結びつく一方で，そうした逆境的な家庭環境の影響は，友人関係において仲間として受け入れられ友情を育む経験によって弱められることを示しました。こうした，ポジティブな人間関係を多くもつ経験がレジリエンスと結びつく可能性が高いことは，パーソナリティ障害と診断を受けながらも予後が良好であった人たちにも見られていて（Skdol et al., 2007），池淵（2014）はアルコール依存症者を例に「よい仲間のいるところに回復が生まれてくるし，モデルとなる先輩の姿が，回復への道を進もうとする力を呼び覚ます」と述べています。

　このような仲間や友人とのよい関係は，多くの場合に「ソーシャル・サポート」としての機能を併せもちます。ソーシャル・サポートとは，簡単にいえば“周囲から与えられるサポートの総称”のことで，ストレスなどがもたらす影響に対してポジティブな効果をもつことが知られてきました。レジリエンス研究においては，ソーシャル・サポートは環境要因として初期から取り上げられてきています（Garmezy, 1991; Luthar & Cicchetti, 2000）。齊藤・岡安（2011）は，レジリエンスがストレス過程における適応に及ぼす影響についてのモデルを検討する中で，ソーシャル・サポートや重要な他者を含めた環境における要因は，ストレス過程において個人のもっているレジリエンス要因を支えるという役割を担っているのではないかと推測しています。こうした役割から，ソーシャル・サポートはレジリエンスの基本的な要因のひとつ（佐藤・祐宗，2009）や規定要因（石毛・無藤，2005b）とも考えられています。

3 ● リスクとしての人間関係

　レジリエンスと人間関係を考えるもうひとつの視点は，「リスクとしての人間関係」です。改めていうまでもなく，人間関係が上手くいかないことは心理社会的ストレッサーとして適応への大きなリスクと考えられており，ライフイベンツやデイリーハッスルズを扱う研究の多くで「人間関係」が要因に含まれてきました。たとえば，外傷体験調査票（佐藤・坂野，2001）という尺度では「大切な人間関係が壊れたことがある」といった項目が採用されおり，2015 年から義務化されたストレスチェック制度においても〝職場の人間関係〟がストレッサーのひとつとして想定されています。こうした，不適応へのリスクとしての人間関係をどのように処理し，そして精神的健康にどのような影響を及ぼすかという一連の流れを対人ストレス過程といい（加藤，2001），ストレス研究などで非常に注目されてきました。同様にレジリエンス研究においても，人間関係はリスク要因のひとつとして扱われてきた流れがあります。

　ところで，人間関係におけるレジリエンスについて確認していく前に，気をつけておかなければならないことがあります。それは，どうやらレジリエンスによって人間関係に関するストレッサーは抑制されない可能性が高いということです。たとえば，平野（2012）は 2 回にわたる調査の間隔を 3 か月ほど空けた縦断研究を行っていますが，どちらの時点でもレジリエンスと対人領域におけるネガティブライフイベントの間に関連が見られなかったことを報告しています。石毛・無藤（2005a）も，中学生のレジリエンスが教師や友達とのストレッサーなどと無相関であったことから，〝レジリエンスはストレッサーから身を守る要因ではない〟と推測しました。つまり，レジリエンスはあくまでも「回復」に関連する概念であり（平野，2012；小塩，2012），残念ながら〝レジリエンスを高めれば人間関係によるストレッサーを体験しなくて済む〟ということではないようです。

(1) 仲間，友人関係におけるレジリエンス

　仲間や友人関係は，図 9-1 で一番外の円に属する代表的な人間関係の一形態

です。人は，成長するにつれて少しずつ家族（真ん中の円）以外の他者と人間関係を結ぶようになりますが，その中で仲間や友人と良好な関係を築き，それを維持したいという欲求を満たすように動機づけられています（樋口・道家・尾崎・村田，2011）。もし，こうした関係から疎外され"社会的に排斥された"と感じるようになると，それは単に現在と将来の抑うつを高めるだけでなく（Nolan, Flynn, & Garber, 2003），リスキーな選択や不健康な行動，先延ばしといった自己破壊的な行動をしやすくなるようです（Twenge, Catanese, & Baumeister, 2002）。

　そうした事態を避けるためにも，他者とポジティブな関係を作り，それを維持し，発展させていくための技能であるソーシャルスキルは，レジリエンスの重要な個人要因とされています。たとえば，齊藤・岡安（2014）は高いソーシャルスキルをもつ人はレジリエンスも高い傾向にあることを示し，その背景として，環境要因であるソーシャル・サポートを利用しやすくなっている可能性があると述べました。つまり，ソーシャルスキルは個人と環境要因とを結びつけやすくする働きをもち，図9-1の中心とその外側にある同心円をつなぐスキルということができるかもしれません。たとえば，高辻（2002）は幼稚園での仲間関係における対人葛藤場面において，ソーシャルスキルを柔軟に利用できることが園児のレジリエンスとして作用していて，園生活での友人関係も良好であることを示しました。また，ソーシャルスキル・トレーニング（SST）を中心とした手法によってレジリエンスを向上させようという試みもなされていて（小林・渡辺，2017：山西他，2019），その有効性が示唆されています。

　また，仲間や友人関係における適応的な方略として"相手から受けた加害の経験を時間経過とともに「許し（forgiveness）」（Whol & McGrath, 2007）ている"ということが分かってきました。まさに，時薬というわけです。樋口他（2011）は，他者から"何かをされて（いわれて），最もムカついた"という被害の経験と，自分がその友人に対して"何かをしてしまって（いってしまって），最も後悔している"という加害の経験について調査を行い，大学生がそれぞれの経験について感じる時間的距離の違いを報告しています。この報告では，他者との関係が親密である場合に被害の経験よりも加害の経験を時間的に遠く感じていることから，他者から受けた被害を許すために起こると考えられ

るこうした働きを「対人関係を維持する上で重要な機能がある」と述べています。このように，友人関係を維持するために行われる「許し」は「受容」や「感謝」とともにレジリエンスを予測する因子であり，さらにレジリエンスの鍵概念である可能性も示唆されています（Gupta & Kumar, 2015）。

　あるいは，先に挙げたソーシャル・サポートにも適応を阻害してしまう場合があります。中村・浦（2000）は，期待していたサポート量に対して実際に受けたサポートにずれがある，すなわちサポートが少なかったり多かったりした場合，ストレスの経験頻度によっては本人の適応や自尊心に悪影響があることを明らかにしました。このように，全てのサポートが必ずしもレジリエンスとして働くとは限らないことから，その質や内容などについても検討する必要があるといえるでしょう。その一例として，仲間や友人をサポートの送り手と受け手の双方を兼ねる存在として捉えることで，適応に及ぼす影響を確認しようとする研究が見られるようになっています。たとえば，谷口・浦（2003）は，相手から受けたサポートと同じ程度のサポートを返すことを意味する「サポートの互恵性」と精神的健康との関連において，友人関係の進展段階がどのように影響しているかについて調査を行いました。その結果，高校生では友人関係の期間が長くなることでサポートの互恵性によってストレス反応が低下しているのに対して，小学生ではそのような関係が見られなかったことから，"サポートの互恵性が精神的健康と関連をもつには個人内の発達段階と友人関係の双方が進展していることが必要である"と述べています。

(2) いじめの影響とレジリエンス

　人間関係における深刻な問題のひとつに，いじめが挙げられます。これまでも，いじめ被害はかなり長期間にわたって大きな影響を及ぼすことが示されてきました（Takizawa, Maughan, & Arseneault, 2014）。香取（1999）も，いじめの被害者は，被害者かつ加害者や傍観者よりも，いじめの影響を強く受けていることを明らかにしました。その上で，それでもいじめのネガティブな影響を抑えポジティブな影響を多く得ている人は"人から頼りにされる経験をする""人から愛される経験をした"などの「信頼感の回復」や，"いじめられたことのある人の体験談を聞いた""いじめられたことのある人といじめについ

て語り合った"などの「心の整理」といった心の傷の回復方法を取っていることを報告しています。このように，いじめの影響に対するレジリエンスとしては他者とポジティブな人間関係を築くことが有効なようです。その他にも，「温かな家族関係」「家のポジティブな雰囲気」（Bowes, Maughan, Caspi, Moffitt, & Arseneault, 2010）や「両親との衝突が少ない」「きょうだいから傷つけられた経験が少ない」（Sapouna & Wolke, 2013）といった要因も挙げられており，家庭も大きな役割を担えることが分かります。さらに，他者から助言を求めたり相談したりする「問題解決型・サポート希求型コーピング」（荒木，2005）や，社会とのつながりを維持して「社会的な疎外感が低い」（Sapouna & Wolke, 2013）感覚をもち続けることも，適応を促進するとされています。

(3) 恋愛関係とレジリエンス

　恋愛関係は，多くの人にとって喜びや悲しみなどさまざまな感情をもたらす人間関係ではないでしょうか。関係が維持されている中では，不適応，特に関係崩壊のリスクに対して「コミュニケーション」の重要性が指摘されています（Reivich & Shatte, 2002; Shulman, Tuval-Mashiach, Levran, & Anbar, 2006）。たとえば，相手を軽視するようなパターンや対立的なパターンのコミュニケーションを取るカップルよりも，お互いの違いを解消しようとするパターンのコミュニケーションを取るカップルの方が長く関係が続くことが分かっています（Shulman et al., 2006）。また，自分の生活に起きたポジティブな出来事を他者に話す「キャピタライゼーション」と，それに対して"積極的－建設的"に応答してくれるコミュニケーションを取ることは，パートナーとの満足感，信頼感，親密性や，結婚生活の満足感や平穏，快適性，親密性が高まることが示されています（Gable, Reis, Impett, & Asher, 2004）。

　また，恋愛関係の崩壊後には強いネガティブな感情が生じたり，不適応状態に陥ったりしやすくなることが予想されます。山下と坂田（2008）は，こうした恋愛関係崩壊からの立ち直りについて友人，現在の恋人家族から提供されたサポートと関係崩壊時のショックと立ち直りの関連を検討しました。その結果，多様な関係性の対象から情緒的サポートを得られる人の方が，特定の対象からしか得られない人よりも立ち直り状態がよいことが明らかになっていま

す。また，失恋からの回復に要する時間については，片思いであっても恋愛関係の後の別れであっても差はないようですが，失恋相手との関係を取り戻そうとする「ポジティブ関係コーピング」や，失恋相手を意図的に避けようとする「ネガティブ関係コーピング」を用いるほど失恋からの回復に要する時間が多くかかる一方で，時間が解決するのを待つような「解決先送りコーピング」を用いるなど，回避的であるほど短い時間で回復しているようです（加藤，2005，2007）。

　ここまで，仲間や友人関係，恋愛関係に焦点をあてたレジリエンス研究を見てきました。人間関係は，人が社会で生活していく際に多かれ少なかれ経験するものであり，その内容によって不適応へのリスク要因にもレジリエンス要因にもなりえるといえます。また，近年では人間関係の形成・維持に大きな影響をもつツールとなっているソーシャルネットワーキングサービス（SNS）の利用が，レジリエンスにどのように作用するかといったことも注目されるようになってきました。これらの研究では，SNS 利用のポジティブな側面として"コミュニティ内で居場所を見つけやすい"（Singh, 2018），"相互にサポートし合うなどの互酬性が高い"（桂，2018），"オンライン上でサポートを受けやすい"（Chung, Chen, & Yang, 2014）などが挙げられていて，それぞれがレジリエンスをもたらす要因になりえることが示されています。

　今後は，こうした新たな課題にも対応しながら，レジリエンスと人間関係についての知見を積み重ねることが求められていくと考えられます。

引用文献

荒木　剛（2005）．いじめ被害体験者の青年期後期におけるリズィリエンス（resilience）に寄与する要因について．パーソナリティ研究，*14*，54-68.

Bowes, L., Maughan, B., Caspi, A., Moffitt, T. E., & Arseneault, L. (2010). Families promote emotional and behavioural resilience to bullying: Evidence of an environmental effect. *Journal of child psychology and psychiatry, 51,* 809-817.

Chung, T. Y., Chen, M. C., & Yang, C. Y. (2014). Social support from Facebook friends: Its characteristics and effect on stress coping. In *International Conference on Business, Information, and Cultural Creative Industry (Symposium on Digital Life and Mobile Services)*.

Criss, M. M., Pettit, G. S., Bates, J. E., Dodge, K. A., & Lapp, A. L. (2002). Family adversity, positive peer relationships, and children's externalizing behavior: A longitudinal perspective on risk and resilience. *Child development*, *73*, 1220-1237.

Daniel, B., & Wassell, S. (2002). *Adolescence: Assessing and promoting resilience in vulnerable children 3*. Philadelphia: Jessica Kingsley Publishers.

Gable, S. L., Reis, H. T., Impett, E. A., & Asher, E. R. (2004). What do you do when things go right? The intrapersonal and interpersonal benefits of sharing positive events. *Journal of personality and social psychology*, *87*, 228-245.

Garmezy, N. (1991). Resiliency and vulnerability to adverse developmental outcomes associated with poverty. *American behavioral scientist*, *34*, 416-430.

Gupta, N., & Kumar, S. (2015). Significant predictors for resilience among a sample of undergraduate students: Acceptance, forgiveness and gratitude. *Indian Journal of Health & Wellbeing*, *6*, 188-191.

樋口　収・道家瑠見子・尾崎由佳・村田光二（2011）．重要他者とのネガティブな出来事が時間的距離感に及ぼす影響．実験社会心理学研究, *50*, 148-157.

平野真理（2012）．二次元レジリエンス要因の安定性およびライフイベントとの関係．パーソナリティ研究, *21*, 94-97.

本田周二（2018）．世代間比較による友人関係の特徴について．人間生活文化研究, *28*, 126-130.

池淵恵美（2014）．第Ⅱ部総論①心理社会的治療—心理社会的な介入においてレジリアンスはどのような位置を占めているか—．八木剛平・渡邊衡一郎（編）レジリアンス—症候学・脳科学・治療学．金原出版．pp.90-103.

石毛みどり・無藤　隆（2005a）．中学生におけるレジリエンシー（精神的回復力）尺度の作成．カウンセリング研究, *38*, 235-246.

石毛みどり・無藤　隆（2005b）．中学生における精神的健康とレジリエンスおよびソーシャル・サポートとの関連—受験期の学業場面に着目して—．教育心理学研究, *53*, 356-367.

加藤　司（2001）．対人ストレス過程の検証．教育心理学研究, *49*, 295-304.

加藤　司（2005）．失恋ストレスコーピングと精神的健康との関連性の検証．社会心理学研究, *20*, 171-180.

加藤　司（2007）．失恋状況における認知的評価とコーピングが失恋後の心理的適応に及ぼす影響．東洋大学社会学部紀要, *45*, 123-137.

香取早苗（1999）．過去のいじめ体験による心的影響と心の傷の回復方法に関する研究．カウンセリング研究, *32*, 1-13.

桂　瑠以（2018）．LINE の使用が社会関係資本及びレジリエンスに及ぼす影響の検討．情報メディア研究, *16*, 32-40.

小林朋子・渡辺弥生（2017）．ソーシャルスキル・トレーニングが中学生のレジリエ

ンスに与える影響について．教育心理学研究，*65*，295-304.

Luthar, S. S., & Cicchetti, D. (2000). The construct of resilience: Implications for interventions and social policies. *Development and Psychopathology, 12*, 857-885.

中村佳子・浦　光博（2000）．適応および自尊心に及ぼすサポートの期待と受容の交互作用効果．実験社会心理学研究，*39*，121-134.

仲埜由希子（2017）．過去の対人的経験が青年期のレジリエンスに与える影響．心理臨床研究，*8*，25-35.

Nolan, S. A., Flynn, C., & Garber, J. (2003). Prospective relations between rejection and depression in young adolescents. *Journal of Personality and Social Psychology, 85*, 745-755.

小塩真司（2012）．質問紙によるレジリエンスの測定―妥当性の観点から―．臨床精神医学，*41*，151-156.

大谷喜美江・冨澤栄子・筒井末春（2016）．労働者のレジリエンスにポジティブな影響を与える要因の検討．心身健康科学，*12*，1-9.

Reivich, K. & Shatte, A. (2002). *The resilience factor: 7 keys to finding your inner strength and overcoming life's hurdles*. New York: Broadway Books.（ライビッチ，K. & シャテー，A. 宇野カオリ（訳）（2015）．レジリエンスの教科書―逆境をはね返す世界最強トレーニング―．草思社）

Rivera, M., & Coffey, W. (2014). *The closer*. New York: Little, Brown and Company.（リベラ，M. 金原瑞人・樋渡正人（訳）（2015）．クローザー　マリアノ・リベラ自伝．作品社）

齊藤和貴・岡安孝弘（2011）．大学生のレジリエンスがストレス過程と自尊感情に及ぼす影響．健康心理学研究，*24*，33-41.

齊藤和貴・岡安孝弘（2014）．大学生のソーシャルスキルと自尊感情がレジリエンスに及ぼす影響．健康心理学研究，*27*，12-19.

佐藤健二・坂野雄二（2001）．外傷体験の開示と外傷体験による苦痛の変化および身体徴候の関連．カウンセリング研究，*34*，1-8.

佐藤琢志・祐宗省三（2009）．レジリエンス尺度の標準化の試み『S-H式レジリエンス検査（パート1）』の作成および信頼性・妥当性の検討．看護研究，*42*，45-52.

Sapouna, M., & Wolke, D. (2013). Resilience to bullying victimization: The role of individual, family and peer characteristics. *Child abuse & neglect, 37*, 997-1006.

Shulman, S., Tuval-Mashiach, R., Levran, E., & Anbar, S. (2006). Conflict resolution patterns and longevity of adolescent romantic couples: A 2-year follow-up study. *Journal of adolescence, 29*, 575-588.

Singh, A. A. (2013). Transgender youth of color and resilience: Negotiating oppression and finding support. *Sex roles, 68*, 690-702.

Skodol, A. E., Bender, D. S., Pagano, M. E., Shea, M. T., Yen, S., Sanislow, C. A., … Gunderson, J. G. (2007). Positive childhood experiences: Resilience and recovery from personality disorder in early adulthood. *The Journal of clinical psychiatry, 68*, 1102-1108.

高辻千恵（2002）．幼児の園生活におけるレジリエンス―尺度の作成と対人葛藤場面への反応による妥当性の検討―．教育心理学研究, *50*, 427-435.

Takizawa, R., Maughan, B., & Arseneault, L. (2014). Adult health outcomes of childhood bullying victimization: Evidence from a five-decade longitudinal British birth cohort. *American Journal of Psychiatry, 171*, 777-784.

谷口弘一・浦　光博（2003）．児童・生徒のサポートの互恵性と精神的健康との関連に関する縦断的研究．心理学研究, *74*, 51-56.

Twenge, J. M., Catanese, K. R., & Baumeister, R. F. (2002). Social exclusion causes self-defeating behavior. *Journal of Personality and Social Psychology, 83*, 606-615.

Werner, E. E. (1989). High-risk children in young adulthood: A longitudinal study from birth to 32 years. *American journal of Orthopsychiatry, 59*, 72-81.

Wohl, M. J. A., & McGrath, A. L. (2007). The perception of time heals all wounds: Temporal distance affects willingness to forgive following an interpersonal transgression. *Personality and Social Psychology Bulletin, 33*, 1023-1035.

山西　舞・小林朋子・澤田智之・中村景子・植田温子・豊田博之（2019）．適応指導教室におけるソーシャルスキルトレーニングを取り入れたレジリエンスプログラムの効果．静岡大学教育実践総合センター紀要, *29*, 47-54.

山下倫実・坂田桐子（2008）．大学生におけるソーシャル・サポートと恋愛関係崩壊からの立ち直りとの関連．教育心理学研究, *56*, 57-71.

第10章

レジリエンスとライフキャリア

高橋美保

1 ● ライフとキャリアの関係

　少なからぬ人が，仕事をする中で，思うようにいかなくて苦境に立たされるという経験があるでしょう。たとえば，職場でミスをして叱責されて落ち込んだり，思うようにノルマがこなせなくて自信を無くしてしまうこともあるかもしれません。このような日常の業務の中で起こるストレスに負けないためにレジリエンスが必要となることがあります。

　また，同期が出世する中，思うような評価が得られずに絶望的になったり，業界的に経営状況が厳しくなって会社の先行きが見通せなくなり将来の不安を抱く人もいるでしょう。これらは，日々の業務の中で起こる瞬発的なストレスというよりも，自己存在レベルの危機感や今後の人生の展望が見えなくなるという中長期的な次元の悩みとなります。

　前者の日々のストレスが積み重なって後者の悩みにつながっていくこともありますが，いずれにしてもこれらのストレスや悩みによりメンタルヘルス不調に陥る人もいます。その結果，休職したり，離職するところまで行ってしまうと，もはやその問題はキャリアには留まりません。自分はこれから働けるようになるのか，今の会社を辞めたら家族はどうなるのか，子どもの学費はどうなるのか，ローンの支払いはどうするのか，そもそも自分の人生はどうなってしまうのか，自分は何のために今まで頑張ってきたのかという生活や人生レベ

ル，生きる意味の問題にまで発展していきます。つまり，キャリアの問題は働くことや仕事，職業といった狭義の問題に留まらず，生活や人生といった幅広い問題につながります。

　もちろん逆もしかりです。災害や，病気やけがで仕事ができなくなるということもあります。また，仕事そのものはある程度順調でも，たとえば，育児や介護，病気の治療などで思うように働けなくなるということもありえます。これらの問題については法的にも会社に対応が求められるものなので，会社や職場から一定の配慮が得られるかもしれません。しかし，子どもの不登校や家族関係の問題などの場合は，公に理解や支援を求めることも難しいまま，不安や葛藤を抱えながら仕事をすることもあるでしょう。瞬発的で誰の目にも分かりやすい危機的な状況だけでなく，このような潜在的かつ持続的なストレスや心理的葛藤・身体的な負担を抱えたままキャリアを維持・発展するのは容易ではありません。つまり，キャリアの問題とライフの問題は相互に表裏一体の問題を孕みます。これはワークライフバランス研究の発展とも関係するところです（Bakker, Demerouti, & Shimazu, 2013）。

　そもそも，キャリアという言葉の語源はラテン語の carrus（車輪のついた乗り物）であり，それが車の走路に転じて，英語圏では人生や生涯といった意味で用いられています（平木，2020）。しかし，日本では career counseling が導入された際にこれが職業相談と翻訳されたために，人生や生涯といった要素が薄れて，キャリアは職業のイメージが強くなってしまいました。日本で一般に使われているキャリアという言葉では職業以外のイメージを伝えるのには不十分であるため，筆者は人生や生涯というより広い意味を含むことを強調する際には，頭にライフをつけて，敢えてライフキャリアという言葉を用いています。

2 ● ライフキャリア・レジリエンスが必要とされる社会背景

　上述のようなライフキャリアの問題は，今になって急に起こったことではありません。そもそも働くことは生きることの一部であり，どう働くかということととどう生きるかということは分かちがたく関係しています。しかし，ここ

30 年の日本の歴史の中でも，1990 年代のバブル経済の崩壊，2008 年のリーマンショックといった経済不況の波があるたびに，多くの人が思うような就職ができなかったり，あるいは不本意な離職を余儀なくされることが繰り返し起こっています。したがって，仮に無事就職できたとしても，思ったような仕事ではなかったり，思うような仕事に就いても終身雇用が崩壊しつつあることから，雇用の不安定化が加速しているといえるでしょう。

　この傾向の背景には，近年，急速に進む AI や IoT などの技術開発にもとづく第 4 次産業革命に加えて，災害や疫病などによって社会経済状況の予測が難しくなったことを示す VUCA があります。VUCA は，Volatility（変動性），Uncertainty（不確実性），Complexity（複雑性），Ambiguity（曖昧性）の頭文字をとったものであり，不確実な社会の到来を示しています。2020 年から深刻化している新型コロナウイルス感染症もそのひとつといえるでしょう。2020 年の完全失業率は 2.9 ％で 11 年ぶりに悪化し，休業者数も前年比 80 万人増加の 261 万人となり比較可能な 1968 年以降最多を記録しています（総務省，2021）。また，自殺者数は前年比約 3.7 ％増となり，こちらも 11 年ぶりに増加に転じており（厚生労働省，2021），多くの人のライフキャリアが危機にさらされていることがうかがわれます。

　一方で，超高齢化社会の中で，私たちは人生 100 年時代を生きなくてはなりません（Gratton & Scott, 2016）。ライフキャリア自体が長期化する中で，その途上で思うようにライフキャリアを歩めなくなり，その度に新たなライフキャリアの模索を繰り返すことも増えてくると考えられます。これまでのような企業に新卒一括採用で就職し終身雇用で定年まで働き続けるという画一的・直線的なキャリアの展望は良くも悪くも望めない中，日常業務あるいは職業的なキャリアというレベルではなく，生活や人生全体を巻き込んだライフキャリアレベルのレジリエンスが必要となるでしょう。

　なお，このような VUCA を前提としたキャリアのあり方は，キャリア理論において社会構成主義を背景とするキャリア構築理論が台頭してきた動きにも通じるものがあります（Savickas, 2011 など）。

3 • ライフキャリア・レジリエンスとは

このような社会背景をもとに，筆者は 2015 年にライフキャリア・レジリエンスという概念を提唱しました。ライフキャリア・レジリエンスは「不安定な社会の中で自らのライフキャリアを築き続ける力」と定義され，人生の色々な場面で思うようにならないことがあっても，自分らしく歩む力と捉えられます。したがって，日常生活上で起こる瞬発的なストレス対処というレベルでなく，もう少し長いスパンの人生レベルで起こる逆境や苦境をイメージしています。では，ライフキャリアのために必要なレジリエンスとは何でしょうか。

筆者は，近年台頭しつつある新たなキャリア理論の提唱者の一人であるアムンドソン（Amundson, 2009）が提示した相反する矛盾した態度を内包するパラドキシカルな理論にヒントを得ました。これらの理論は不確実で不透明な社会を生き抜くためには，画一的で直線的なキャリアを前提とした一面的な方程式ではなく，ポジティブでありながら同時に不確実性を求める，偶然性と計画性の両方を併せもつといった矛盾する要素を含んだ柔軟な姿勢が必要となると考えます。先に述べた VUCA の世界を生き抜くためには，このような"しなやかさ"がレジリエンスにつながるでしょう。

筆者らはアムンドソン（Amundson, 2009）のパラドキシカルなキャリア理論をもとにライフキャリア・レジリエンスを測定する尺度を開発しました（高橋・石津・森田，2015）。ライフキャリア・レジリエンスという概念には長期的展望，継続的対処，多面的生活，楽観的思考，現実受容という 5 つの構成概念が見いだされました。長期的展望は，長期的視野をもち，今できることを積極的に行う姿勢，継続的対処は先々の見通しを立てながら継続的に対応しようとする姿勢，多面的生活は仕事以外の趣味や活動にも積極的に取り組む姿勢，楽観的思考は将来に肯定的な希望を抱く姿勢，現実受容は現実的な思考のもと，積極的に事実を受け入れていく姿勢です。そして，高橋ら（2015）では，その全てが高い群がもっともメンタルヘルスがよいことが示唆されました。これは，上述のように，必要な能力をバランスよくもつことの重要性にもつながります。なお，レジリエンス研究では，レジリエンスを心理的特性や状態とい

う視点から捉える議論もありますが，筆者らは成長や発達という視点からレジリエンスを能力として捉え，VUCA の世界を生き抜くためにはライフキャリア・レジリエンスを高めることが必要であると考えています。

4 ● ライフキャリア・レジリエンスを高めるために

　ライフキャリア・レジリエンスの構成要素を高めるためには，以下のような3 つのステップが有効だと考えています（図 10-1；高橋・鈴木，2019）。

(1) ステップ 1

　まずは自分が置かれた現実に向き合い，それを受け止める段階です。ここに含まれる構成概念は現実受容となります。現実受容とは，逆境にある状態やその状態にある自分自身を客観的現実として受け止めていく姿勢ですが，受け止めた上で現実的かつ柔軟に対応する柔軟性も含まれます。思わぬ苦境に陥ったとき，なかなかその現実自体に向き合えないと感じるのは自然なことでしょう。葛藤やもやもやが続くこともあるでしょうが，それにとらわれ続けると，結果的にずっとそこにこだわってしまうことになります。つまり，あなたの人生の貴重な時間をそのことにとらわれる時間に費やしてしまうことになります。

図 10-1　ライフキャリア・レジリエンスの構成要素を高める 3 つのステップ

　そのため，その事実を客観的な事象として，まずはそれに向き合い，いったん受け止めてみることが必要となります。もちろん，これはそんなに簡単なことではありません。その際，筆者はマインドフルネスが役に立つと思っています。マインドフルネスとは，意識的に，今この瞬間に，判断せずに，あるがままに意識を向けることで得られる気づきと定義されていますが（Williams, Teasdale, Segal, & Kabat-Zinn, 2007），瞑想などを使って，自分の心や身体や考えと距離をとるアプローチです。まずは，自分に向き合ってみて，自分の中にこだわりたい気持ちがまだあるということ自体を認め，受け止めるところから始まります。ここで大事なことは，「受け入れる」のではなく，「受け止める」ことです。嫌な気持ちや考えを受け入れてしまうのではなく，それが事実として存在することをいったん受け止めます。その上で，そのことについてこだわっていたいのであればまだこだわっていてもよいのかもしれませんが，こんなことにこだわっている自分からもう一歩抜け出したいという気持ちがあるのなら，次のステップに進みましょう。

　このステップで重要なことは，気分や感情に巻き込まれずに今の自分に向き合い，受け止めるという作業ですが，その過程でとらわれてしまっていた自分に気づき（メタ認知ともいえるでしょう），それをどうしたいかという自身の主体性にもとづいて，自覚的に選択をするところが特徴です。これは，認知的な作業をすることになるため，認知レベルでの対応ともいえるでしょう。

(2) ステップ2

　適切な距離を置くという段階です。これには多面的生活と長期的展望が含まれます。これらは，"今すぐに""仕事で"思うような状態になることにこだわることによって，視野狭窄に陥ってしまうことに対するアプローチといえます。具体的には，その認知的なとらわれに対して，自らの体験を空間軸，時間軸に照らし合わせて振り返ることによって，柔軟なものの観方を獲得していきます。今の捉え方自体を否定はしないものの，別の捉え方ができる可能性を自身の体験を振り返りながら検討することが重要となります。

　多面的生活とは，仕事以外の趣味や活動にも積極的に取り組む姿勢であり，これによって複数の生活領域をバランスよくもつことができます。仕事だけで

なく仕事以外の生活領域にまで空間的に視野を拡げることによって，仕事における ストレスや葛藤を相対化します。私たちの生活や人生には，仕事だけではなく，それ以外の家庭やプライベートがあります。仕事そのもののストレスや心理的葛藤がなくなるわけではありませんが，そこに固執するのではなく，いったん距離をとることによって多面的な生活領域の中でバランスをとるようにします。たとえば，仕事がうまくいかなくても，家庭の中で自分が好きなアロマを炊いた部屋で過ごすとか，少しおいしいものを食べて生きている幸せを実感するとか，達成感や充実感を感じたり，単純に楽しいと思える時間をもつことを意識します。自然にうまくバランスを取っている人もいるかもしれませんし，普段であればバランスが取れているのに，どうしてもうまくいかないときもあるでしょう。そんなときは，何か無理に新しいことをする必要はないでしょう。それよりも，日々の生活の中で当たり前になっていて日頃は気づかないことの中に，ささやかな幸せを見つけるのがよいでしょう。対処のために，無理に何かを加えるのではなく，今この瞬間の体験を丁寧に味わうことで少しだけ幸せを感じることができると考えています。

　長期的展望とは，長期的視野から自身の体験を振り返り，今できることを積極的に行う姿勢です。それによって今すぐ思うようにならなくても，長期的視野をもって目の前のことに具体的に取り組むことができます。そのため，まずは視野を時間軸で動かすことになります。これまでの人生を振り返ることによって，かつて苦境にあったときを乗り越えてきた事実を振り返ります。その際，たとえば，それが偶然に起こってきたのか，あるいは計画的に取り組んだことなのかなど，自分自身のあり方を振り返ることによって，近視眼的な焦りや絶望感から距離を置くことができるでしょう。

　これらのアプローチは空間的・時間軸に認知を拡げることによって，今の捉え方を相対化する点が特徴的ですが，大事なことは自身の体験に立ち返るという点です。今すぐに，この仕事で（あるいはこの職場で）というこだわりをもちたくなることもありますが，自身の体験をベースにそのこだわりから心理的な距離をとり，そのこだわりに対して別のかかわる選択肢をもちます。したがって，ステップ 2 は体験レベルのアプローチといえるでしょう。

(3) ステップ3

　最後は，対処するという段階です。これには楽観的思考と継続的対処が含まれます。楽観的思考とは，将来に肯定的な希望を抱く姿勢であり，それによって，きっと何とかなると思えます。ただし，ここでいう楽観的思考は単なる思考ではなく，ステップ2と同様に基本的に体験にもとづいたストレングスといわれる強みを整理し，それを自身のレジリエンスとします。ストレングスについては色々な形で提示されていますが，パデスキーとムーニー（Padesky & Mooney, 2012）によれば，デイヴィス（Davis, 1999）らがまとめている①健康，②基本的信頼感，③人に助けを求める対人関係能力，④認知能力，⑤感情調整能力，⑥他者のために貢献する力，⑦人生の意味や他者との関係に関する道徳心なども参考となるかもしれません。その際，新しく強みを身に付ける必要はありません。むしろ，自分が既にもっているレジリエンスを自覚し，それを必要なときに必要な形で使えるようになることを目指します。実際に困難に直面したときに，レジリエンスを思い出すためのインデックスを付けておくと使い勝手がよいでしょう。それは，キャラクターや言葉かもしれませんし，イメージあるいは身体の感覚かもしれません。体験にもとづいたレジリエンスを自覚し，それを使いやすくしておくことが，裏付けのある楽観的思考につながります。

　継続的対処とは，先々の見通しを立てながら継続的に対応しようとする姿勢であり，裏付けのある楽観的思考をもった上で，今できることは具体的に実践しようとする行動的な対処を含むアプローチです。今予想することができるストレスや不安，苦境をイメージしながら，これまでのステップに沿って対処を考えてみましょう。これは，ワークとしてすることもできますし，日常の中で必要なときに試みるということでもよいかもしれません。ここで重要なことは，予防としても使えるということです。

　ステップ3は，自分の中にあるレジリエンスをいつでも使える道具として引き出しの中に入れておく作業といえます。これは，日常の中での対処を主眼に置いた生活レベルのアプローチといえるでしょう。

5 ● ライフキャリア・レジリエンスの効果

　これまで，筆者はライフキャリア・レジリエンスの尺度やその構成概念を用いて，高校生，失業者，就職を目指している障害者を対象としたプログラムを実施してきました。もちろん，プログラムは対象者ごとにカスタマイズする必要があるため，各々は少しずつ違いますが，その骨子は同じです。高校生には予防的に用いるためより教育的な内容を多く盛り込みましたが，授業の枠組みに応じてステップは柔軟に組み込んでいます。また，失業者や就職を目指している障害者に対しては，ステップは踏襲しながらも，枠組みや対象に応じて，提示する内容やワークは変えています。これまでの研究結果からは，高校生では 5 つのレジリエンスの全てが向上し（高橋ら，2019），失業者では「長期的展望」「継続的対処」「楽観的思考」が高まったものの「現実受容」が低減し（高橋，2015），障害者では「楽観的思考」が高まりました（高橋・鈴木，2019）。

　さらに，MRI（磁気共鳴画像）を使って脳の活動を調べる fMRI（磁器共鳴機能画像法）を用いて，ライフキャリア・レジリエンスの高さと脳機能の関係性を検討しました。自分の悪いところやネガティブな出来事についてぐるぐると考え続けてしまうことを反すうといいますが，抑うつや落ち込みは反すうすることによって高まる傾向があります。そこで，ライフキャリア・レジリエンスと反すう課題をしているとき，反すう課題を休んでいるときの脳機能との関係を調べました。反すう課題中は自分の性格や物事の感じ方を考えるよう指示する文章が画面に表示され，反すう課題を休んでいるときは，十（プラス）の記号のみが画面に表示されます。その結果，長期的展望は反すう課題を実施しているときに反すう関連部位（内側前頭前野，側頭葉）だけでなく，言葉による認知処理に関する部位（小脳，下前頭回言語処理，背外側前頭前皮質）とも負の相関が見られたことから，長期的展望をもっている人は反すうをしているときに過度に考えすぎないで済んでいる可能性があることが示唆されました。また，多面的生活の傾向が高い人は反すう課題を休んでいるときに視覚野の働きが落ちていたことから，視覚野の切り替えがうまく，ずっと集中しすぎない

で休むべきときには休める状態にあると考えられます。つまり，ライフキャリア・レジリエンスの第2ステップで自身の体験を多面的に振り返る作業は，考え込みや過度な集中を和らげるための介入となっている可能性があると考えられます。

　ライフキャリア・レジリエンスは生活や人生レベルのレジリエンスに焦点をあてましたが，日常生活の中で少し苦しいと感じるときにも，ステップ3は十分活用できるでしょう。しかし，ライフキャリアの困難や苦境に立ち向かうためには，ステップ1と2が必要です。自分に向き合い，まずは自分の目の前に問題があるという事実を認めた上で，自分自身の生活や人生を空間的，時間的に振り返ることが重要となるでしょう。

6 ● おわりに

　ここまで紹介したライフキャリア・レジリエンスは，筆者がこれまで失業者や障害者など，何らかの事情で思ったようなライフキャリアが歩めない状態にある人を対象に積み重ねてきた研究結果をもとにしています。ただ，頭で分かってすぐできるほど簡単なことではないかもしれませんし，困難や苦境の状況によってはこれで全てが解決するというわけでもないと思います。特に，自分が既にもっているストレングスをレジリエンスとして活用できる形にするところに難しさを感じる人も少なくありません。他人のことはよく分かるのに，自分のことは当たり前だと思って，特段のストレングスとは思わないのです。したがって，ときには，他者や専門家に必要なサポートを求めるということも必要でしょう。当たり前だと思っていることから少し距離を置いてみて，そこでひとりで考えるだけでなく，それを他者と話してみることでまた別の視点をもつことができるかもしれません。大事なことは，どの視点が正しいかということではなく，今の自分にとって役に立つ視点の可能性や選択肢を増やして，自分がそれを決めることができるということに気づくことです。これが，あなたがあなた自身の人生を"主体的"に生きるためのライフキャリア・レジリエンスの第一歩となるでしょう。

引用文献

Amundson, N. E. (2009). *Active engagement:The being and doing of career counselling* (*3rd ed*), Richmond, BC: Ergon Communications.

Bakker, A. B., Demerouti, E., & Shimazu, A. (2013). The spillover-crossover model. 産業ストレス研究, *20*, 253-265. JBI Database System Rev Implement Rep. 2015 Oct; 13(10): 21-9. doi: 10.11124/jbisrir-2015-2380.

Davis, N. J. (1999). *Resilience: Status of research and researchbased programs.* Working paper. Center for Mental Health Services, Substance Abuse and Mental Health service Administration. U.S. Department of Health and Human Services:, Rockville, MD

Gratton, L., & Scott, A. (2016). *The 100-year life: Living and working in an age of longevity.* Bloomsbury Information. (グラットン, L. & スコット, A., 池村千秋 (翻訳) (2016). LIFE SHIFT (ライフ・シフト). 東洋経済新報社)

平木典子 (2020). キャリア・カウンセリングの歴史 日本キャリア開発研究センター (監修) ライフデザイン・カウンセリングの入門から実践へ―社会構成主義時代のキャリア・カウンセリング―. 遠見書房.

厚生労働省 (2021). 警察庁の自殺統計に基づく自殺者数の推移等 https://www.mhlw.go.jp/content/202012R2-sokuhou.pdf

Padesky, C. A., & Mooney, K. A. (2012). Strengths-based cognitive-behavioural therapy: A four-step model to build resilience. *Clinical Psychology & Psychotherapy, 19,* 283-290. doi:10.1002/cpp. 1795

Savickas, M. L. (2011). *Career counseling* (*Theories of psychotherapy*), American Psychological Association.

総務省統計局 (2021). 労働力調査 (基本集計) 2020 年度 (令和 2 年度) 平均 https://www.stat.go.jp/data/roudou/sokuhou/nendo/pdf/gaiyou.pdf

高橋美保 (2015). 失業者のための心理的援助に関する実践研究 ライフキャリア・レジリエンスを高めるために. 日本発達心理学会第 26 回大会論文集.

高橋美保・石津和子・森田慎一郎 (2015). 成人版ライフキャリア・レジリエンス尺度の作成. 臨床心理学, *15*(4), 507-516.

高橋美保・石津和子・森田慎一郎・石橋太加志・安田節之 (2019). 高校生に対するライフキャリア教育のプログラム開発とその効果評価―ライフキャリア・レジリエンスを高めるために―. 東京大学大学院教育学研究科紀要, *58* 595-604.

高橋美保・鈴木悠平 (2019). ライフキャリア・レジリエンスプログラムの開発と効果評価―障害者の就職と定着を目指して―. 教育心理学研究, *67*, 26-39.

Williams, M. G, Teasdal, J. Segal, Z., & Kabat-Zinn, J. (2007). *The mindful way through depression: Freeing yourself from chronic unhappiness.* Guilford Press.

第11章

レジリエンスと
身体活動・スポーツ

上野雄己

1 ● 身体活動とレジリエンスは関連するのか

　身体を動かすことは，生活習慣病のリスクを防ぐことや，ストレスの緩和，活力を高めるなど，身体と心の健康によい影響がもたらされることが知られています。こうした活動は身体活動と呼ばれ，「生活活動（労働，家事，通勤，通学などの日常生活の活動）」と「運動（スポーツ等の体力の維持・向上を目的に計画的に実施された活動）」のふたつから構成されます（厚生労働省，2013）。身体活動の測定には，加速度センサが内蔵された活動量計や質問紙法が使われています。なお，本章では，後者の質問紙法によって測定された身体活動の研究を紹介します。

　このような身体活動もまた，レジリエンスと関係するひとつの要因として挙げられています。たとえば，35歳以上の男性自衛隊員16,358名を対象とした横断研究によれば，身体活動が高い群はレジリエンス得点が高く，習慣的に身体を動かすことを多くすることで，レジリエンスを高められる可能性が報告されています（小島，2018）。また思春期や高齢期の人たちを対象にした横断研究から，図11-1のように身体活動がレジリエンスを高め，精神的な健康の促進につながることが示されています（Ho, Louie, Chow, Wong, & Ip, 2015; Kukihara, et al., 2018）。

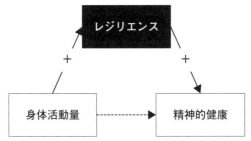

注）レジリエンスを媒介変数として設定することで，間接的な経路が確認され，対象者や測定尺度によっては身体活動量から精神的健康に対する関連が見られなくなる場合があります。

図 11-1　身体活動量とレジリエンスの関係
（Ho et al., 2015; Kukihara et al., 2018 をもとに，筆者が作成）

2 ● 身体活動がもたらすレジリエンス増強のメカニズム

　多くの人たちは，運動やスポーツを継続する中で，知らず知らずのうちに他者との能力の違いや勝ち負けを意識し，自分の内面の変化に注意が向かなくなるときがあるのではないでしょうか。果たして，そうした意識や環境の中で実施する運動やスポーツは，レジリエンスに対してよい影響をもたらすといえるのでしょうか。

　大学生を対象にした横断研究によれば，体力的要素（たとえば，握力や上体起こし，20m シャトルランなど）は直接レジリエンスに関係がなく，身体的な側面の自尊感情（たとえば，運動に対する有能感の高まりや身体的な変化への肯定的な気づきなど）を介し，間接的にレジリエンスに関係することが報告されています（藤原，2019）。運動能力の高さそのものはレジリエンスには関係しておらず，運動やスポーツを行う中で自身の身体的な側面の変化に気づき，肯定的な評価を高めていくことが，レジリエンスを促進させる上で重要になると考えられます。

　また，動機づけ理論を導入した横断研究によれば，週に3時間以上体育の授業を受講している人たちにとって，自我志向性（他者の中で優位に立つことを目標）よりも課題志向性（課題の熟達を目標）の方がレジリエンスに対して強く関連があり，週に3時間以下の人たちでは課題志向性のみが関連を示しまし

た（Chacón-Cuberos, Castro-Sánchez, Pérez-Turpin, Olmedo-Moreno, & Ortega, 2019）。スポーツや運動を実施する環境にはレジリエンスを高められる経験（たとえば，自己発見の機会や目標に向かって取り組めることなど）が多いのですが，そうした環境の中で他者と比べず，自分自身の成長に注意を向けることが大切になるといえるでしょう。

　このように，身体を動かすといっても，全ての身体活動が必ずしもレジリエンスによい影響をもたらすとは限りません。身体活動を継続する上での意識やそれを取り巻く環境によって，形成されるレジリエンスの高さや種類が変わってくることが考えられます。

3 ● アスリートが経験する困難とは

　では，より高いレベルの身体活動を行っているアスリートは身体と心の健康も高いといえるのでしょうか。社会一般がイメージするアスリートは心理・身体・社会的に健全であり，精神病理学的な問題とはかけ離れたものだと思うのではないでしょうか。ところが，高い競技成果を残さなければならないアスリートは，自身のパフォーマンスや競技成績を高めるだけでなく，発達段階や所属環境における課題を解決していかなければなりません。つまり，アスリートは，学業と競技の両立，競技継続の迷い，対人関係，けが，卒業後の進路，引退，セカンドキャリアなどさまざまな問題を抱えています。

　こうしたアスリートの心理的な問題は，単にパフォーマンスの低下を引き起こすだけでなく，競技生活を断念する事態やキャリア・パス，日常生活への影響にもかかわる深刻な問題へと発展し，最悪の場合には，うつ病やノイローゼ，薬物・アルコール依存，自殺などの精神病理学的な問題に派生していく危険があります。これまでにさまざまな心理支援のプログラムが開発，そして実践されてきましたが，高度なパフォーマンスが求められるアスリートは，これまで以上に多くのストレスを抱えており，さらなる心理支援が求められています。

4 ● アスリートのレジリエンスとは

　このような困難な状況を経験した場合，心の健康が低くなることで，精神疾患の発症につながる人もいれば，そうでない人もいます。たとえば，アスリートにおいて，選手生命を左右する大きなけがを負った逆境の状況であっても，辛く苦しいリハビリを乗り越えて，輝かしい功績を手にする人もいます。そうした人たちの心理的な違いを理解する特性として，レジリエンスの概念が使われています。近年では，トップアスリートの心理的なトレーニングのプログラムに，レジリエンスの概念の応用が試みられています。

　では，こうしたアスリートがもつレジリエンスは，どのような要因で構成されているのでしょうか。困難を克服した経験をもつアスリートを対象に行われた質的研究から，スポーツ領域におけるレジリエンスとして，11 の要因が挙げられています（小林・西田，2007，2009）。図 11-2 のように，アスリートが困難な状況に直面し不適応状態に陥った後に辿る心理的な回復には，さまざまな経路があります。大きなカテゴリーとして 6 領域があり，各領域で影響する

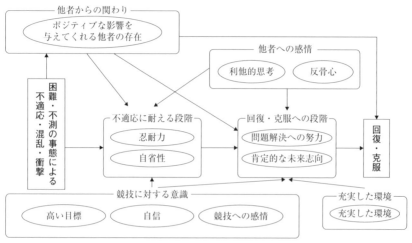

図 11-2　スポーツ領域におけるレジリエンス要因とその影響
（小林・西田，2009）

レジリエンスが11要因あります。たとえば，スポーツに従事する中で，困難な状況に直面し不適応に陥った際に，「不適応に耐える段階」では「忍耐力」と「自省性」が，「回復・克服への段階」では，「問題解決への努力」と「肯定的な未来志向」のレジリエンス要因がそれぞれ働き，もとの適応状態へと導くと考えられています。一方で，こうした経路は辿らず，「他者からの関わり（ポジティブな影響を与えてくれる他者の存在）」の影響が直接的に個人の心理的な回復を導く場合があります。また，「不適応に耐える段階」や「回復・克服への段階」に影響する保護要因として，「他者からの関わり」の他に，「他者への感情（利他的思考，反骨心）」「競技に対する意識（高い目標，自信，競技への感情）」「充実した環境（充実した環境）」が報告されています。

　このように，アスリートのレジリエンスを構成する要因は，一般的に備えうる要因から，スポーツ領域固有の要因とさまざまであることが分かります。日本では，アスリートのレジリエンスを測定するために，一般に使用される精神的回復力尺度や二次元レジリエンス要因尺度が使われる場合があります。海外でも，代表的なレジリエンス尺度のひとつであるConnor-Davidson Resilience Scale（Connor & Davidson, 2003）の適用が試みられています。しかし，レジリエンスを導く要因は，環境や状況，個人によって求められるものが異なり，広く全般的に必要とされるレジリエンス要因と，スポーツの環境で求められるレジリエンス要因に相違が考えられます。

　そうした問題点も踏まえ，大学生・高校生アスリートを対象にしたレジリエンス尺度の作成を試みた研究があります（上野・雨宮・清水，2015；上野・清水，2012）。これらの尺度は，アスリートへの質的調査やこれまでの研究結果にもとづき，アスリートのレジリエンスを測定する質問項目を選定しています。その結果，個人内要因と環境要因のふたつの側面から構成されるレジリエンス尺度が作成されています。そのレジリエンス要因を表11-1にまとめました。スポーツ独自の尺度で測定されるレジリエンスは，アスリートが困難な状況から心理的な回復を促すのに必要とされる要因（小林・西田，2007, 2009）や，レジリエンスを導く上で必要とされる要因（American Psychological Association, 2002）と関連しています。

　そのため，こうした尺度を通すことでアスリートのレジリエンスが見えてく

表 11-1　スポーツ領域特有のレジリエンス要因

レジリエンス要因	年代	測定側面	APA が提唱する要因	アスリートの心理的な回復過程
個人内要因				
競技的意欲・挑戦	大学生	肯定的な未来志向／新奇性追求	計画・実行能力	回復・克服への段階／他者への感情
競技的自己理解	大学生	自己理解／問題解決志向	自己肯定・自信／対人・問題解決	不適応に耐える段階／回復・克服への段階／競技に対する意識
競技的精神力	大学生	感情調整／心理的な忍耐力	感情・衝動制御	不適応に耐える段階
競技的身体力	大学生	身体的な忍耐力	感情・衝動制御	不適応に耐える段階
自省力	高校生	自己理解／問題解決志向	自己肯定・自信／対人・問題解決	不適応に耐える段階／回復・克服への段階／競技に対する意識
楽観的思考	高校生	感情調整／心理的な忍耐力	感情・衝動制御	不適応に耐える段階
チャレンジ精神	高校生	肯定的な未来志向／新奇性追求	計画・実行能力	回復・克服への段階／他者への感情
環境要因				
部員からの心理的サポート	大学生	チームメイト		他者からの関わり
友人からの心理的サポート	大学生	友人		他者からの関わり
チームメイトからのサポート	高校生	チームメイト		他者からの関わり
顧問教諭からのサポート	高校生	顧問教諭	—	他者からの関わり
家族からのサポート	高校生	家族		他者からの関わり
チームの雰囲気	高校生	チーム		充実した環境
練習環境の充実度	高校生	練習環境		充実した環境

注 1) 表は著者が各レジリエンス要因の測定範囲を推測して作成したものであり，必ずしも各要因が該当範囲を全て測定できるものではないことに留意してください。
注 2) 大学生は上野・清水 (2012)，高校生は上野他 (2016) の下位尺度をさします。
注 3) APA が提唱する要因とは，アメリカ心理学会 (American Psychological Association, 2002) が提唱するレジリエンスを導く 4 因子をさします。なお，この 4 因子の観点から，小塩 (2016) も日本国内で作成されたレジリエンス尺度をレビューしています。計画・実行能力とは，「現実的な計画を立て，それを実行する手段を講じる能力」，自己肯定・自信とは，「自分自身に対するポジティブな見方や，自分の強さや能力についての自信」，対人・問題解決とは，「コミュニケーションと問題解決のスキル」，感情・衝動制御とは，「強い感情や衝動を取り扱う能力」となります。
注 4) アスリートの心理的な回復過程とは，小林・西田 (2007, 2009) が報告している内容をさします。

れば，アスリートのもつレジリエンス要因がもたらす心の健康や競技生活への影響が明らかになるでしょう。

5 • アスリートのレジリエンスがもつ働きとは

　このようなアスリートがもつレジリエンスは，どのような影響をもたらすの
でしょうか。スポーツ領域固有のレジリエンスには，大きく分けてふたつの働
きがあるとされます。ひとつは心の健康の向上や悪化を防ぐこと，もうひとつ
は試合において実力発揮できるように，最適な心理状態に調整することです。
一般的に考えられるレジリエンスは，心の問題の予防や解決にうまく働いてく
れることですが，アスリートが抱える問題の多くはパフォーマンスと関係して
います。そのため，心の健康とパフォーマンスの両方に対して，相乗的な支援
が求められる場面が多い傾向にあります。

　では，どのようなメカニズムで，アスリートのレジリエンスが心の健康やパ
フォーマンスに関連するのでしょうか。大学生アスリートを対象にした横断研
究によれば，レジリエンスが自尊感情を経由してバーンアウトを低めるような
働きを示すことで心の健康に関するプロセスと，自身のパフォーマンスに対す
る肯定的な評価を通してアスリートとしての成長を促す，パフォーマンスに関
連するプロセスという，健康と競技的側面のふたつのプロセスが報告されてい
ます（上野・小塩，2015）。

　またオリンピックで優勝した12人のアスリートを対象に，レジリエンスが
最適なパフォーマンスの発揮につながるのか検討した質的研究から，図11-3
のような「ストレス－レジリエンス－パフォーマンス」というモデルが提示さ
れています（Fletcher & Sarkar, 2012）。世界最高峰のアスリートは，スポー
ツキャリアの中で，頻度，強度，持続時間が大きく異なるストレッサーに遭遇
しており，経験する内容は日常的な出来事から人生における大きな出来事まで
多岐にわたります。そうしたストレッサーのネガティブな影響から保護する心
理的，または行動的プロセスとして，ポジティブなパーソナリティや動機づ
け，自信，集中，ソーシャルサポートといった心理的要因が挑戦的評価（スト
レスを自分の成長などの機会として捉えること）やメタ認知的評価（自分の認
知活動を客観的に捉えること）に影響を与え，結果として，促進的反応に繋が
ることが考えられています。こうした一連のプロセス全体をアスリートのレジ

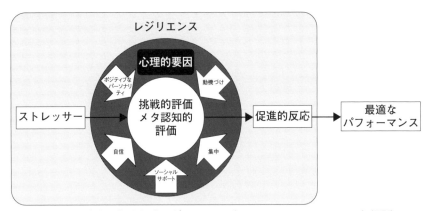

図 11-3　実力発揮を促すレジリエンス（Fletcher & Sarkar, 2012 を翻訳）

リエンスと捉えることができ，上述のプロセスを経て，アスリート個々人の最適なパフォーマンスを発揮させるのにレジリエンスが貢献することが明らかとなっています。

　このように，アスリートのレジリエンスの多くは，心の健康の安定性を図るのに影響をもたらし，最適な心理状態へと導き，パフォーマンス促進へとつなげてくれます。したがって，アスリートがもつレジリエンスの働きは，心の健康を第一として，目的と状況に応じて多様な影響を示す独自性をもっているといえます。

6 ● アスリートが求めるレジリエンスとは

　スポーツ領域において恩恵が多く見られるレジリエンスですが，実は，ネガティブな影響を示す結果も報告されています。たとえば，柔道と陸上競技の大学生アスリートを対象にした縦断研究から，1 年後の重症傷害の発生リスクを高めるレジリエンス要因が明らかとなっています（小林・水上，2019）。また，レジリエンスを導く要因とバーンアウトの状態の組み合わせによっては，バーンアウトを助長させるような働きを示す可能性があることが指摘されています（上野・鈴木，2015）。

　そのため，その個人の状況を把握せず無闇にレジリエンスを高め，個人のレジリエンスのバランスを壊すことは，悪い結果につながる場合があるかもしれません。それゆえに，従事している競技の特徴や個人の特性，また状況に応じて，高めるレジリエンス要因をカスタマイズしていくことが求められるといえるでしょう。すぐにレジリエンスを変えようとするのではなく，まずは自身が必要とするレジリエンスを再考し，自身が有しているレジリエンスや心理的な特性や環境を客観的に理解することが大切です。

引用文献

American Psychological Association (2002). The road to resilience: Factors in resilience. Retrieved from https://www.uis.edu/counselingcenter/wp-content/uploads/sites/87/2013/04/the_road_to_resilience.pdf. (June 15, 2020)

Chacón-Cuberos, R., Castro-Sánchez, M., Pérez-Turpin, J. A., Olmedo-Moreno, E. M., & Ortega, F. Z. (2019). Levels of physical activity are associated with the motivational climate and resilience in university students of physical education from Andalucía: An explanatory model. *Frontiers in Psychology, 10,* 1821.

Connor, K. M., & Davidson, J. R. (2003). Development of a new resilience scale: The Connor-Davidson Resilience Scale (CD-RISC). *Depression and Anxiety, 18,* 76-82.

Fletcher, D., & Sarkar, M. (2012). A grounded theory of psychological resilience in Olympic champions. *Psychology of Sport and Exercise, 13,* 669-678.

藤原大樹 (2019). 大学生の体力と身体的自己知覚がレジリエンスに及ぼす影響. 保健医療経営大学紀要, *11,* 37-42.

Ho, F. K. W., Louie, L. H. T., Chow, C. B., Wong, W. H. S., & Ip, P. (2015). Physical activity improves mental health through resilience in Hong Kong Chinese adolescents. *BMC Pediatrics, 15,* 48.

小林好信・水上勝義 (2019). 大学生アスリートにおけるスポーツ傷害の発生に関連する心理社会的要因の縦断研究—種目と重症度による違いからの検討—. 運動疫学研究, *21,* 148-159.

小林洋平・西田　保 (2007). 競技スポーツ場面におけるレジリエンス構成要因に関する探索的研究. 日本スポーツ心理学会第34回大会研究発表抄録集, 80-81.

小林洋平・西田　保 (2009). スポーツにおけるレジリエンス研究の展望. 総合保健体育科学, *32,* 11-19.

小島令嗣 (2018). 身体活動とレジリエンスの関連—自衛隊員における検討—. 厚生の指標, *65,* 15-21.

厚生労働省（2013）．健康づくりのための身体活動基準 2013 Retrieved from https://
www.mhlw.go.jp/stf/houdou/2r9852000002xple-att/2r9852000002xppb.pdf
（2020 年 10 月 22 日）

Kukihara, H., Yamawaki, N., Ando, M., Tamura, Y., Arita, K., & Nakashima, E.
(2018). The mediating effects of resilience, morale, and sense of coherence
between physical activity and perceived physical/mental health among
Japanese community-dwelling older adults: A cross-sectional study. *Journal of
Aging and Physical Activity*, *26*, 544-552.

小塩真司（2016）．レジリエンスの構成要素―尺度の因子内容から―，児童心理，
70, 21-27.

上野雄己・雨宮　怜・清水安夫（2015）．高校運動部員のレジリエンスがバーンアウ
トに及ぼす影響性の検討．体育研究，*48*, 1-20.

上野雄己・小塩真司（2015）．大学生運動部員におけるレジリエンスの 2 過程モデル
の検討　パーソナリティ研究，*24*, 151-154

上野雄己・清水安夫（2012）．スポーツ競技者のレジリエンスに関する研究―大学生
スポーツ競技者用心理的レジリエンス尺度の開発による検討―．スポーツ精神
医学，*9*, 68-85.

上野雄己・鈴木　平（2015）．大学生運動部員におけるレジリエンスとバーンアウト
との関連―1 次回帰分析および 2 次回帰分析の当てはまりに着目して―．スポー
ツ精神医学，*12*, 16-24.

第12章

レジリエンスと生涯発達

上野雄己

1 ● 発達段階によるレジリエンスの多様性

　レジリエンスは多様な要因によって導かれることが知られています。その理由として，発達段階や個々それぞれが置かれる環境，状況，特性が違うことが挙げられます。これまでに明らかになってきたレジリエンス要因を見ても，幼児期，児童期，青年期，成人期，老年期の発達段階で異なるレジリエンスが報告され，さらには，対象となる属性（たとえば，教師や看護師，アスリート，勤労者，学生など）が違う場合には，その環境に適応できるように，構成される要因も変わっていきます（第3章参照）。

　変化の激しい現代社会において，心理的に困難とされる状況は，ときにはふたつ以上重複して経験する可能性があり，日々大きく変化していきます。そうした状況に柔軟に対応し社会で生き抜いていくためには，レジリエンスを固定させるのではなく，環境に応じて変化させていくことが必要なことかもしれません。そのようなレジリエンスの発達を見ていくことは，社会の中でレジリエンスがどのような意味をもち，人々の心の健康や適応を導くのに影響するのかを理解することにつながります。

　では，こうしたレジリエンスは一生涯を通して発達していくといえるのでしょうか。実は，レジリエンスは，遺伝と環境の両方から影響をうけており（Amstadter, Myers, & Kendler, 2014），遺伝に影響されやすい要因と環境に

影響されやすい要因に分かれます。こうしたレジリエンスの発達可能性に着目した尺度として，二次元レジリエンス要因尺度が挙げられます（平野，2010）。この尺度は，もって生まれた気質との関連が強い資質的レジリエンス要因と，発達の中で身につけやすい獲得的レジリエンス要因のふたつの要因で構成され，外的指標との関連や双生児法（一卵性双生児と二卵性双生児の類似性を比較する方法），縦断調査（複数時点での個人内比較）などによって信頼性と妥当性が検証されています（平野，2010，2011，2012）。

　ここで，遺伝との関連が強いときくと，発達に伴って身に付けられないと考えるかもしれませんが，これはあくまでも，もともと備えうる気質に影響をうけやすいということをさします。実際に，もって生まれた気質は，年齢とともに変わっていくという研究も報告されています（Trouillet & Gana, 2008）。これはパーソナリティにおいても同じであり（Soto, John, Gosling, & Potter, 2011），獲得的レジリエンス要因と同様に，気質に影響されやすい資質的レジリエンス要因においても，発達とともに変わることは可能だといえます。一生涯を通じて，レジリエンスが年齢とともに発達可能であるのか明らかにすることは，教育的可能性を拡げ，生涯学習にもつながっていくでしょう。

2 ● 年齢とともにどのように変化するのか

　ところで，心理学において，パーソナリティの発達はどのように検討されてきたのでしょうか。パーソナリティの発達を検討する方法として，特定の年齢集団を追跡する縦断調査（複数時点での個人内比較）と，年齢間の比較を行うことによる横断調査があります。縦断調査では，個人内の変化を明らかにできますが，長期間の調査になる場合も多く，すぐに研究が始められないこと，対象者確保のための資金がかかること，そして，途中で調査から離脱する人が多くなる可能性があることなど，実施するまでのハードルが高くなります。

　一方で横断調査の場合は，幅広い年齢層の大きなサンプルサイズを確保できれば，ある時点の1回の調査で検討することができます。特定の年齢集団のパーソナリティの平均値に注目することで，年齢間で多くの人たちが上昇したり下降したりする疑似的な発達軌跡の様子を描くことができるのです。そこ

で，この章では，ふたつの調査の結果によるレジリエンスの年齢変化を紹介していきたいと思います。

(1) 横断的年齢変化

　まず，レジリエンスと年齢の関係を横断的に調査した研究ですが，イギリス人を対象とした研究では，18-25 歳の若年者よりも 65 歳以上の高齢者の方が，レジリエンス得点が高いことが報告されています（Gooding, Hurst, Johnson, & Tarrier, 2012）。また，スイス・ドイツ・リヒテンシュタイン・オーストリア人 18-73 歳を対象とした研究では，レジリエンスと年齢には正の相関関係があることが示されています（Martínez-Martí & Ruch, 2017）。その他，多くの先行研究において，概ね，加齢に伴いレジリエンス得点が上昇していく傾向が確認されています。

　一方で，65 歳以降はレジリエンスが下降し 85 歳を目途に安定を示した研究（Zeng & Shen, 2010）や，年齢とともにレジリエンスが下降する傾向を示した研 究（Beutel, Glaesmer, Decker, Fischbeck, & Brähler, 2009; Beutel, Glaesmer, Wiltink, Marian, & Brähler, 2010），そして，レジリエンスと年齢の間に関連が示されなかった研究（Campbell-Sills, Forde, & Stein, 2009）など，ネガティブな結果の報告もされています。必ずしもレジリエンスは，加齢に伴い，肯定的な変化が促されるという一貫した結果が得られるとはいえません。対象とする地域や文化，個人の特性・年齢などの特徴が変われば，「下降した」「変わらない」といった年齢変化も見られる可能性があります。

　それでは，日本人を対象とした場合にはどのような年齢変化を見せるのでしょうか。全国の日本人 20-69 歳 5,133 名を対象にした研究によれば，図 12-1 のように，獲得的レジリエンス要因は年齢とともに上昇し，資質的レジリエンス要因は獲得的レジリエンス要因と比較して緩やかに上昇していくことが報告されています（上野・平野・小塩，2018）。また，性別による年齢変化に違いはなかったことも示されています。したがって，日本人のレジリエンスの発達軌跡は，年齢とともに上がっていく様子が描かれますが，要因によって，その年齢変化の上昇の程度には違いが見られるとのことです。

　さらに，他のレジリエンス尺度を使用して対象とする年齢幅を拡げても同じ

発達軌跡となるのか，再検討がされています。日本で多く使用されている精神的回復力尺度（小塩・中谷・金子・長峰，2002）を用いて，全国の日本人15-99歳18,843名を対象にした横断研究から，図12-2のように，年齢とともに，レジリエンスが緩やかに上昇していくことが示されています（上野・平野・小塩，2019）。こうした結果から，レジリエンスの構成要因や年齢によって得点の上昇具合には若干の違いが見られるものの，日本人のレジリエンスは概ね，加齢に伴って上昇する傾向が見られると考えられます。しかしながら，これらの研究では自己評価による測定が行われているため，年齢間でレジリエンスの得点に差が見られたのは自省能力の違いや自己評価の甘さなどの測定者

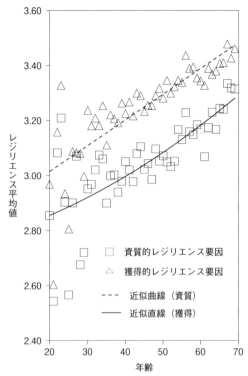

注1）図は性別を共変量とした年齢ごとの推定周辺平均値および近似線となります。
注2）レジリエンスの測定には，二次元レジリエンス要因尺度（平野，2010）を用いています。
注3）平野（2010，2011，2012）に倣い，レジリエンス要因を資質的レジリエンス要因と獲得的レジリエンス要因に分類し，それぞれの合計得点を用いています。

図 12-1　レジリエンスの横断的年齢変化①（上野他，2018）

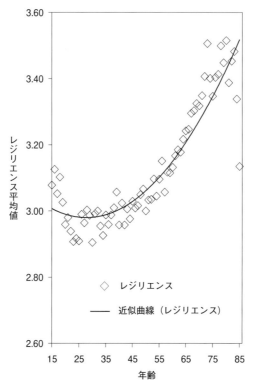

注1) 図は性別を共変量とした年齢ごとの推定周辺平均値および近似線となります。
注2) 85歳以上の分析対象者が少なかったため，85歳以上のカテゴリで集約しています。
注3) レジリエンスの測定には，精神的回復力尺度（小塩他，2002）を用いています。
注4) 小塩他（2002）に倣い，レジリエンス要因の合計得点を用いています。

図12-2　レジリエンスの横断的年齢変化②（上野他，2019）

個人の系統誤差の影響があった可能性もあります（吉田・村井，2021）。また
レジリエンスに対する年齢の効果も高くないため，年齢とともにレジリエンス
が大きく変わるとはいえず，これらの点についてはさらなる研究の蓄積が必要
となります。

（2）縦断的年齢変化

　横断調査によって，年齢によるレジリエンス得点の平均値の違いが見られま
したが，どれくらいの期間でレジリエンスが変化していくのかは明らかにする
ことはできず，あくまでも疑似的な発達軌跡を描いたにしか過ぎません。けれ

ども，前述したように，縦断調査による実施検討の難しさもあり，これまでに多くの知見が報告されてきたとはいえないのが現状です。たとえば，異なる研究の歴史をもつレジリエンスと類似したエゴ・レジリエンス（第4章を参照）の概念を用いて，思春期のイタリア人を対象に，15歳から25歳までの約10年間の追跡調査を行った研究があります（Alessandri, Eisenberg, Vecchione, Caprara, & Milioni, 2016）。その研究では，高校卒業までは得点が比較的安定しており，その後，相対的に上昇することが明らかにされています。また，多文化の思春期を対象に約5年間追跡した研究では，エゴ・レジリエンスの発達の個人差が確認されています（No, Kang, Lee, & Choi, 2020）。

　では，横断的な年代差と同様に，日本人のレジリエンスは縦断的にも変化している様子が見られるのでしょうか。日本人20-69歳1,284名を対象にした，約2年間の追跡調査を行った研究によれば，約2年間のレジリエンスの相対的な安定度は高く，残念ながら，明確な差が見られませんでした（Ueno, Hirano, & Oshio, 2020）。しかし，レジリエンスの発達には，個人差があることが示さ

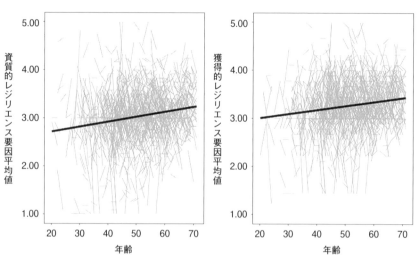

注1）黒線が横断的年齢変化，灰色線が個々人の縦断的年齢変化をさします。
注2）レジリエンスの測定には，二次元レジリエンス要因尺度（平野，2010）を用いています。
注3）平野（2010，2011，2012）に倣い，レジリエンス要因を資質的レジリエンス要因と獲得的レジリエンス要因に分類し，それぞれの合計得点を用いています。

図12-3　レジリエンスの縦断的年齢変化（Ueno et al., 2020）

れ，図 12-3 のように，2 時点（約 2 年間）間の個々人のレジリエンス得点を
つないだ灰色線に注目すると，上昇する人もいれば，下降する人もいて，そし
て変わらない人もいることが明らかとなっています。そうした個人差は性別や
年齢の影響をうけず，老若男女問いません。

　したがって，約 2 年間の間隔を置いた 2 時点の縦断的な比較では概ね，レジ
リエンス得点は安定し短期間では大きく変化しませんでしたが，個々人で発達
の様相に違いが見られました。こうしたレジリエンスの発達における個人差が
確認されたことは，前述した地域や文化別に検討された横断的年齢変化による
違いを根拠づけるものであり（Beutel et al., 2009; Beutel et al., 2010; Camp-
bell-Sills et al., 2009; Gooding et al., 2012; Zeng & Shen, 2010），対象となる人
たちの特徴によって，レジリエンスの発達は変わる可能性があるといえます。

3 ● レジリエンスの発達が意味するもの

　さてこのように，生涯を通じて発達していく可能性があるレジリエンスは，
どのような意味をもつのでしょうか。概ね，年齢とともに高まるレジリエンス
の年齢変化は，成熟の原則と一致します（Caspi, Roberts, & Shiner, 2005）。
この理論では，成人期以降は社会的に望ましい方向に発達するとされており，
年齢とともに，生活する社会の中で個々人が置かれた状況に応じてうまく適応
するように，パーソナリティも一定の方向に進みつつ，次第に安定性が増すと
いうものです。

　ビッグ・ファイブ・パーソナリティの上位因子である，一般パーソナリティ
因子は，神経症傾向が低く，外向性と開放性，協調性，勤勉性が高い構造と
なっており，そうした得点のバランスは高い社会的成果につながることから，
社会における有用性と呼ばれています（van der Linden, Dunkel, & Petrides,
2016）。実は，こうした構造はレジリエンスについてもいわれています（第 4
章を参照；Oshio, Taku, Hirano, & Saeed, 2018）。もしかしたらレジリエンス
も，社会が求めるひとつの心理的な特性なのかもしれません。

　そのため，レジリエンスが加齢に伴い上昇していく様子は，社会の中でうま
く生き抜く上での，一種の適応的な変化であるとも考えられます。しかし，発

達に個人差が見られていることからも，特定の年齢集団や属性では安定したり下降したりすることも望ましい姿なのかもしれません。今後は，どのような発達パターンが好ましい適応とされるのか，レジリエンスの発達とさまざまな指標（健康やパフォーマンス，社会的経済的成果など）との関連を見ていくことが必要になりそうです。

4 ● レジリエンスの発達を促す要因とは

　本章では，年齢という視点から，レジリエンスの生涯発達の全体像について紹介してきましたが，生涯的なアプローチを考える上で，レジリエンスの発達を促す要因を明らかにしていくことが必要になります。ヒトの発達に影響するものとして，生物学的要因（遺伝的要因）と環境要因の相互作用が挙げられ，標準年齢的要因（たとえば，思春期や教育，初婚年齢など），標準歴史的要因（たとえば，疫病や経済的不況，育児様式の変化など），非標準的要因（たとえば，住所の変更や失業，離婚など）が大きく関係していきます（Baltes, Reese, & Lipsitt, 1980）。

　レジリエンスもこうした経験を踏んでいく中で，何かしらの肯定的な変化が生じていく可能性があります。しかし，生涯を通じて継続的な支援を講じていくためには，全ての年代に共通して経験可能な要因を明らかにすることが求められます。たとえば，そのひとつの手段として，生活習慣へのアプローチが考案されており，睡眠や運動習慣，食生活を改善し，身体的な健康を育むことによるレジリエンスの促進が考えられています（Southwick & Charney, 2012）。レジリエンスの発達と，その影響要因はいまだに明らかにされていないことも多く，さらなる研究の発展が期待されます。

引用文献

Alessandri, G., Eisenberg, N., Vecchione, M., Caprara, G. V., & Milioni, M. (2016). Ego-resiliency development from late adolescence to emerging adulthood: A ten-year longitudinal study. *Journal of Adolescence, 50*, 91-102.

Amstadter, A. B., Myers, J. M., & Kendler, K. S. (2014). Psychiatric resilience: Longitudinal twin study. *The British Journal of Psychiatry, 205*, 275-280.

Baltes, P. B., Reese, H. W., & Lipsitt, L. P. (1980). Life-span developmental psychology. *Annual Review of Psychology, 31*, 65-110.

Beutel, M. E., Glaesmer, H., Decker, O., Fischbeck, S., & Brähler, E. (2009). Life satisfaction, distress, and resiliency across the life span of women. *Menopause, 16*, 1132-1138.

Beutel, M. E., Glaesmer, H., Wiltink, J., Marian, H., & Brähler, E. (2010). Life satisfaction, anxiety, depression and resilience across the life span of men. *The Aging Male, 13*, 32-39.

Campbell-Sills, L., Forde, D. R., & Stein, M. B. (2009). Demographic and childhood environmental predictors of resilience in a community sample. *Journal of Psychiatric Research, 43*, 1007-1012.

Caspi, A., Roberts, B. W., & Shiner, R. L. (2005). Personality development: Stability and change. *Annual Review of Psychology, 56*, 453-484.

Gooding, P. A., Hurst, A., Johnson, J., & Tarrier, N. (2012). Psychological resilience in young and older adults. *International Journal of Geriatric Psychiatry, 27*, 262-270.

平野真理 (2010)．レジリエンスの資質的要因・獲得的要因の分類の試み―二次元レジリエンス要因尺度（BRS）の作成―．パーソナリティ研究, *19*, 94-106.

平野真理 (2011)．中高生における二次元レジリエンス要因尺度（BRS）の妥当性．パーソナリティ研究, *20*, 50-52.

平野真理 (2012)．二次元レジリエンス要因の安定性およびライフイベントとの関係．パーソナリティ研究, *21*, 94-97.

Martínez-Martí, M. L., & Ruch, W. (2017). Character strengths predict resilience over and above positive affect, self-efficacy, optimism, social support, self-esteem, and life satisfaction. *The Journal of Positive Psychology, 12*, 110-119.

No, B., Kang, S., Lee, N. K., & Choi, N. (2020). The structural relationship among trajectories of ego-resilience, neglectful parenting, bilingual competency, and acculturative stress of multicultural adolescents in South Korea. *Sustainability, 12*, 2108.

小塩真司・中谷素之・金子一史・長峰伸治 (2002)．ネガティブな出来事からの立ち直りを導く心理的特性―精神的回復力尺度の作成―．カウンセリング研究, *35*, 57-65.

Oshio, A., Taku, K., Hirano, M., & Saeed, G. (2018). Resilience and Big Five personality traits: A meta-analysis. *Personality and Individual Differences, 127*, 54-60.

Soto, C. J., John, O. P., Gosling, S. D., & Potter, J. (2011). Age differences in personality traits from 10 to 65: Big Five domains and facets in a large cross-sectional sample. *Journal of Personality and Social Psychology, 100*, 330-348.

Southwick, S. M., & Charney, D. S. (2012). The science of resilience: Implications for the prevention and treatment of depression. *Science, 338*, 79-82.

Trouillet, R., & Gana, K. (2008). Age differences in temperament, character and depressive mood: A cross-sectional study. *Clinical Psychology and Psychotherapy, 15*, 266-275.

上野雄己・平野真理・小塩真司 (2018). 日本人成人におけるレジリエンスと年齢の関連. 心理学研究, *89*, 514-519.

上野雄己・平野真理・小塩真司 (2019). 日本人のレジリエンスにおける年齢変化の再検討—10 代から 90 代を対象とした大規模横断調査—. パーソナリティ研究, *28*, 91-94.

Ueno, Y., Hirano, M., & Oshio, A. (2020). The development of resilience in Japanese adults: A two-wave latent change model. *Health Psychology Open, 7*, 1-7.

van der Linden, D., Dunkel, C. S., & Petrides, K. V. (2016). The General Factor of Personality (GFP) as social effectiveness: Review of the literature. *Personality and Individual Differences, 101*, 98-105.

吉田寿夫・村井潤一郎 (2021). 心理学的研究における重回帰分析の適用に関わる諸問題. 心理学研究. https://doi.org/10.4992/jjpsy.92.19226

Zeng, Y., & Shen, K. (2010). Resilience significantly contributes to exceptional longevity. *Current Gerontology and Geriatrics Research, 2010*, 525693.

第13章

レジリエンスと社会

奈良由美子

1 ● 災害レジリエンスの意義

　レジリエンス概念はその有用性からさまざまな分野で用いられています。災害の分野もそのひとつです。本章では，災害をテーマに，社会全体のレジリエンスについても考えます。

(1) 災害対策の方向性―ロバストネスからレジリエンスへ

　災害対策のありようは時代や社会により一様ではありません。我が国のこの半世紀を俯瞰しても，そこには少なくとも3つのパラダイムの変遷があることが指摘されています（林，2013）。ひとつめは，災害が発生した場合に，当該災害への限定的かつ対処療法的な対処を講じるというものです。この考え方のもとでは，たとえば災害対策に関する法体制についても，災害が発生する都度，必要に応じて個別に臨時特例法が制定されて災害復旧対策が講じられていました。

　この方向性は，1960年代に災害対策基本法さらに1970年代に大規模地震対策特別措置法が制定される中で変わってきます。被害抑止（mitigation）としての防災を志向するパラダイムへの転換です。高度経済成長と時を同じくし，この頃の防災はおもに，高い防潮堤，強靱な高速道路，耐震性の高いビルの建設など，施設や構造物に対する工学的アプローチに注力され推進されました。

ハード対策の強化によるロバストな（robust，頑強な）社会の構築が目指されたのです。

　しかしこの考え方も，21世紀に入る頃から見直しを余儀なくされることとなります。その背景には，阪神・淡路大震災や東日本大震災がつきつけた現実があります。すなわち，人間の想定を超える自然外力は起こるものであり，ハードは壊れるものであり，被害は出るものです。むろん災害による被害は小さいほうがよく，従来の工学的アプローチは引き続き重要です。これに加えて，被害を受けてもそこから柔軟に復旧，復興できるような災害対策が志向されるに至りました。レジリエンスの向上を目指すパラダイムの登場です。

（2）国際的動向としての災害レジリエンス

　レジリエンスを志向することは国際的な動きでもあります。2005年1月，兵庫県神戸市で開催された第2回国連防災世界会議において「兵庫宣言」と「兵庫行動枠2005-2015」が採択されました。この行動枠組のキー概念として打ち出されたのがレジリエンスです。

　国連国際防災戦略事務局 UNISDR（United Nations International Strategy for Disaster Reduction, 2009）（2019年より「国連防災機関」United Nations Office for Disaster Risk Reduction: UNDRR へ名称変更）は，レジリエンスを「ハザードにさらされているシステム，コミュニティ，社会が，リスク管理を通じた本質的な基本構造と機能の維持・回復を含め，適切なタイミングかつ効率的な方法で，ハザードの影響に抵抗し，吸収し，対応し，適応し，転換し，回復する能力」と定義しています。

　レジリエンスは，現在では国連システムや地域機関による防災活動の根幹概念となっています。2015年には仙台において第3回国連防災世界会議が開催され，「仙台宣言」と「仙台防災枠組2015-2030」がとりまとめられました。そこでもレジリエンスの重要性は継承されています（UNISDR, 2015）。災害リスクに対して，より広範で，より人間を中心にした予防的アプローチがなければならないとすると同時に，災害対応の強化，さらには「よりよい復興（Build Back Better）」のための国内外の多様な主体による取り組みの必要性が唱えられています。

2 ● 災害レジリエンスの含意するもの——復元から転換まで

(1) システム・アプローチによるレジリエンス概念

　災害分野におけるレジリエンスの概念は，当初，物理的側面に着目した脆弱性へのアプローチを中心に，脆弱性評価の枠組の中で用いられてきました。さらに社会的側面にも着目した脆弱性研究を経て，逆境や危機に見舞われるくらしや社会を「システム」として捉えながらレジリエンス概念を検討するシステム・アプローチへと発展していきます。

　システムとは，複数の要素（人間，物財，情報，意識，行動など）が，ある目的を達成するために，ある法則にしたがってまとめられたものをいいます。複数の要素およびその相互作用の総体と言い換えることもできます。生物の身体，コンピュータなどの人工物，社会集団，森林や都市や地球，さらには生活や経済や政治など，ミクロからマクロまでさまざまな事象・現象はシステムとなります。それ自身がシステムでありながら同時に他のシステムの一部でもあるものを，サブシステムといいます。

　災害分野に限らず，レジリエンスの定義にはしばしばシステム概念が用いられます。ストックホルム大学ストックホルムレジリエンスセンター（Stockholm Resilience Centre, 2015）はレジリエンスを「（個人，森林，都市，経済といった）システムが継続的に変化し適応していく能力」と定義しています。また，「レジリエンスとは，騒乱・擾乱などのショックに対し，システムが同一の機能・構成・フィードバック機構を維持するために変化し，騒乱・擾乱を吸収して再構築するシステムの能力」（半藤・窪田，2012）といった定義もあります。

(2) 復旧・復興とは原状回復のことか

　災害に対してレジリエントであること，と聞くとどのような姿が思い浮かぶでしょう。地震で持ち家が全壊し職も失うという逆境に立たされた家族が，力を合わせてそれを克服してゆく姿でしょうか。大水害による甚大な被害を受けた地域コミュニティが，公的資金の導入や住民の連帯さらにはボランティアの

活躍によって10年後に以前よりも活気あるまち並みを取り戻した姿でしょうか。

　思い浮かべるレジリエンスの像はさまざまであっても，その像を結ぶ前提として，「壊れること」と「時間経過」のふたつは共通して置かれていたと思います。災害発生により，当該システム（ある家族や，ある地域コミュニティ）がそれまで保っていた平衡状態がいったん壊れる，そこから時間をかけて，当該システムにとって望ましい状態になっていくということです。

　一方，どういう状態が「立ち直る」とか「取り戻す」といえるのかは多義的です。結論を先取りして述べると，災害レジリエンスは，必ずしも原状回復だけを意味していません。望ましい状態を災害発生前の状態とする場合もあれば，新たな望ましさが見いだされる場合もあります。

　塩崎ら（2015）はシステムのレジリエンスに関する先行研究をレビューし，それらを，工学的レジリエンス，生態学的レジリエンス，社会生態システムのレジリエンスの，3つのアプローチに整理しています。このうち工学的レジリエンスは，外力を受けたあとシステムが平衡状態に迅速に戻る能力と定義されています。生態学的レジリエンスは，外力を受けても，システムがその主要な性質を維持する能力，あるいはシステムが従前の平衡状態にとどまる能力です。そして社会生態システムのレジリエンスでは，システムが外力を受けたあと，もとの平衡状態にとどまることができなくても，別の望ましい状態に移行することができればよいとされています。

　この整理にてらしたとき，災害分野が扱うレジリエンスの概念は，工学的レジリエンスや生態学的レジリエンスの考え方を内包した社会生態システムのレジリエンスとして捉えられます。それが既述のUNISDR（2009）が定義するレジリエンス概念にも「…ハザードの影響に抵抗し（resist），吸収し（absorb），対応し（accommodate），適応し（adapt），転換し（transform），回復する（recover）能力」のように反映されています。

　もとより被災は不可逆的であり，原状回復は困難です。とりわけ復興過程ではシステムの適応力と転換力が重要となってきます。また，どのような状態が「望ましい状態」なのかがシステムによって異なることも，災害レジリエンスを扱う際におさえるべき重要なポイントです。

3 ● レジリエンスの主体──個人のレジリエンス，社会のレジリエンス

（1）いろいろなレベルでのレジリエンス─国，都市の災害レジリエンス

　これまで，地震や豪雨といった自然外力を受けたあと，システムが望ましい状態へと到達する能力としての災害レジリエンス概念について説明してきました。ここではさらに，レジリエンスの主体について考えてみたいと思います。

　レジリエンスはいろいろなレベルで成立します。個人，家庭，地域，国，組織・団体，世界といったレベルです。上位システムにあたる国家のレジリエンスについては，国土強靱化基本計画にもとづく国土強靱化（ナショナル・レジリエンス）の取り組みに見られるように，ハード対策の強化に加え，ライフラインやサプライチェーン等の社会・経済インフラの機能維持・継続が重要な構成要素となっています。

　また，都市システムというレベルで見たとき，塩崎ら（2015）は，レジリエンスを構成する要因として，①物理的要因（主要な人口環境の回復に関する要因：インフラ構造の修繕のしやすさ等），②経済的要因（a. 住民に関する要因：所得・雇用状況等，b. 企業に関する要因：財務状況等，c. 都市における要因：経済的資源の多様性等），③社会的要因（a. 住民に関する要因：教育水準・職能等，b. 都市・社会における要因：コミュニティの団結力の強さ・地域における組織間の連携等），④制度的要因（公的な支援の有無等）を挙げています。

　レジリエンスの定量化も試みられています。川久保ら（2017）は，日本の大都市のレジリエンス性の評価指標を開発しました。指標には以下の18項目が用いられています。①過密地域出火予防力，②工業生産縮小予防力，③避難経路遮断予防力，④避難時事故発生予防力，⑤避難時遅延発生予防力，⑥住宅崩壊予防力，⑦空き家問題発生予防力，⑧自然室温低下予防力，⑨避難所充実度，⑩医療体制充実度（ソフト），⑪医療体制充実度（ハード），⑫通信機器充実度，⑬消防機器充実度，⑭搬送機器充実度，⑮自治体財政力，⑯地域雇用力，⑰家計余裕力，⑱復興労働力。このうち，①から⑧が予防力を，⑨から⑭

が順応力を，そして⑮から⑱が転換力をそれぞれ表すとした上で，それらを用いて我が国の複数の大都市のレジリエンス性を定量的に評価しています。

(2) 地域コミュニティの災害レジリエンス

さらに範域を絞り込み，地域コミュニティに関してもさまざまな研究が行われています。国家や都市といったレベルにおいてハードや社会・経済インフラを重視するウェートが大きいのに対して，地域コミュニティのレジリエンスで重視されているのは，人的な要素です。

特に，ソーシャル・キャピタル（社会関係資源）に着目した理論研究，実証研究が多くなされています。ノリスら（Norris et al., 2008）は，コミュニティにおけるレジリエンスを「ネットワーク化された適応能力の集合体」とした上で，ソーシャル・キャピタルはレジリエンス向上のための主要資源であるとしています。また，浦野（2007）もレジリエンスをソーシャル・キャピタルと類縁性をもつ概念として捉えています。

災害からの復興を促進したり，また地域が新たな望ましい状態に至る過程においてソーシャル・キャピタルが作用することは，実証的にも明らかにされています。たとえば，阪神・淡路大震災の被災地をフィールドとして，ソーシャル・キャピタルが豊かなコミュニティほど復興速度が早いことを導いた研究（Nakagawa & Shaw, 2004），東日本大震災後に人口減少を経験した気仙沼市浦島地区において，レジリエンスが発揮されることにより，地域組織が改変され，災害に強く人口減少に対応した形態に社会が再編されてゆく過程を明らかにした研究（矢ヶ崎，2019）等がなされています。

さらに，同じ災害であっても，地域によって被害の程度や復旧には差が生じますが，小さい被害で済む，あるいは速やかな復旧ができている地域は，平時からよく近所つきあいをし，地域の問題をともに解決することが常態化していたコミュニティであることも指摘されています（野田，1997）。

このように，コミュニティがもつソーシャルキャピタルは，システムの転換力も強化し，レジリエンスをおしあげる重要な要素となります。

(3) 個人の災害レジリエンス

　災害への対応というと，災害発生後の応急対応および復旧・復興局面の対応を思い浮かべがちですが，それだけではありません。平常時からの事前対応も重要となります。災害レジリエンスを向上させるには，災害発生前後の対応を総合的に高めることになります。

　最小単位である個人の災害レジリエンスについても同様であり，災害発生前の局面に関しては自主防災や防災教育を通じて個人の予防力をいかに高めるかが検討されています。災害発生後の局面におけるレジリエンスについては，災害後に当該個人の生活システムがどのように機能復旧するか，またそれに影響を及ぼす（促進させる）要因は何であるかが検討され，我が国においても阪神・淡路大震災以降，さまざまな研究が行われています。

　なかでも，田村ら（2001）や立木（Tatsuki, 2007）らの研究は，震災から数年が経過した時点で，被災者の生活の再建というものが何から構成されているかを明らかにしている点で意義深いものです。それらの研究からは，生活再建には，すまい（安定した住居の確保），つながり（人と人とのつながり・社会的ネットワークの獲得），こころとからだ（心身の健康），くらしむき（良好な経済状態をもたらす景気・生業・くらしむき），まち（まち全体の再建），行政とのかかわり（さまざまな支援の場面で関係することになる行政とうまくつきあうこと），そなえ（次の災害に対する備えの充実）といった要素がかかわっていることが分かっています（Tatsuki, 2007; 田村ら，2001 など）。

　また，著者は，中国の四川大地震（2008 年 5 月発生）によって家も家族も失うという大きな喪失体験をした被災者に，災害 4 年後にインタビュー調査を行いました。地震発生から 4 年間の生活の実態に関する逐語録を分析・考察した結果，被災者の生活復興の過程は，①自己の再構築を行うこと，②他者・自然とおりあいをつけること，③生活資源の再獲得・再配分を行うことの連続過程として捉えられるとする生活復興モデルを導出しました（奈良ほか, 2013）。

　モデルでは，①自己の再構築（下位概念は「自分自身の変化の認識」，「生活価値の再認識」，「過去の生活システムへの執着からの解放」，「故郷と自分との関係性の受容」），②他者・自然とのおりあい（下位概念は「自然災害と人災への納得」，「政策への納得」，「相対的剥奪の認識（他の被災者と比較しての自分

の状況）」，「役割期待の変化の受容（災害で失った役割期待と新たに生じた役割期待）」），③生活資源の再獲得・再配分（下位概念は「すまい」，「仕事とやりがい」，「収入と支出」，「健康（身体と心）」，「ソーシャルサポート」）の3つの要素が，それぞれ「現状への満足」と「将来への見通し（生活復興）」を規定しています。そして，①②③の3つの要素に関する状況が良好な被災者ほど，現状に満足し，将来への見通しが明るいという関係にありました。

　特に，災害後の経験にある種のポジティブな意味づけを付与する語りをする被災者は，被害程度が甚大であったにもかかわらず，生活の機能復旧が早く良好である傾向が見られました。たとえば次のような語りです。「地震前後の生活でどちらが生きがいを感じるかというと，いま，人びとをここに住まわせることに最も意味を感じている」（30歳男性。自宅と妻と息子と仕事を失う。現在は地域の社区組長），「今回の地震で自分にとって一番大きかった出来事は，（震災後行方が分からなくなっていた）娘を探し出せたこと。今回の震災がもたらした意味は，これからは自分が娘を育てるということ。震災前は仕事が大事だったが，今の目的は，娘をちゃんと学校にやって，生き残る知識をつけさせて，娘が一生幸せに生活していってもらうこと」（40代男性。地震で妻と自宅と仕事を失い，現在は水処理場警備）。同様の傾向は，阪神・淡路大震災や東日本大震災の調査研究でも明らかにされています（林，2016；奈良，2012）。

　このように，被災経験をポジティブに意味づけ，自らの新しい価値や役割を見いだしている人は，将来の見通しを明るくもち，再建にむけて具体的な行動を起こしていました。これは，災害前の平衡状態に戻すのではなく，新たな望ましい状態に到達しようとするプロセスであり，結果としてそれが高い生活復興感につながっていたのです。

4 ● レジリエンスの多様性を受容する社会へ──まとめにかえて

　本章では，災害を具体的テーマとして扱いながら，個と全体のレジリエンスについても述べてきました。災害レジリエンスは，地震や豪雨といった自然外力を受けたあと，システムが望ましい状態へと到達する能力であり，復元から

転換までを内包する概念でした。また，レジリエンスの主体はさまざまなレベルにおいて成立するものであり，国や都市，地域コミュニティ，個人の各レベルで復元から転換までの姿がありました。

　最後に，まとめとして以下の点を強調したいと思います。それは，多様なレジリエンスの受容です。それぞれのシステムのレジリエンスのありようを否定したりじゃましたりしないということです。あるシステムが大きな逆境や危機に直面し，新たな望ましさを見つけ，その状況に至ろうとするときに，「レジリエンスはこうあるべきだ」と，他者が決めたり押しつけたりすべきではありません。そもそも多様性はレジリエントなシステムの基本的な要件ですが（枝廣, 2015），それには価値観やものの見方の多様性も含むはずです。立ち直りかたは人それぞれだし，復興のしかたは地域や国によって多様であってよいのです。

　これは，全体のレジリエンスと部分のレジリエンスとのかかわり方についてもいえることです。部分は全体のためにあるのではないということです。全体システムにとっての「新たな望ましさ」およびそれを実現する手だてと，サブシステムにとってのそれらが一致しないことはしばしば起こります（たとえば，東日本大震災後の，高台移転か現地復旧かを巡る行政と住民のあいだでのやりとり等）。このとき，全体システムの機能復旧が一義的に優先されるようなことがあってはならないと考えます。複数の主体が，レジリエンスについての考え方や実現のしかたを表出し合い理解し合うことで（これは互いの価値観の表出とも同義），個も全体も，別の個も別の全体も，互いのレジリエンスを失わないですむ道を探れるかもしれません。

　このようなレジリエンスの多様性を受容する寛容さと共考のしくみをもった全体社会が，真にレジリエントな社会だと考えます。

引用文献

枝廣淳子（2015）．レジリエンスとは何か─何があっても折れないこころ，暮らし，地域，社会をつくる─．東洋経済新報社．

半藤逸樹・窪田順平（2012）．レジリアンス概念論　香坂　玲（編）地域のレジリアンス─大災害の記憶に学ぶ─．清水弘文堂書房．

林　春男（2013）．信頼される建築・都市の構築に向けて．東京理科大学総合研究機

構危機管理・安全科学技術研究部門（編）．信頼される建築物・社会基盤の構築とその危機管理．7-33.

林　春男（2016）．災害レジリエンスと防災科学技術．京都大学防災研究所年報，*59A*，34-45.

川久保俊・田中　充・馬場健司（2017）．公開統計情報に基づく日本の大都市のレジリエンス性評価．環境科学会誌，*30*(3)，215-224.

Nakagawa, Y., & Shaw, R. (2004). Social capital: A missing link to disaster recovery. *International Journal of Mass Emergencies and Disasters*, *22*(1), 5-34.

奈良由美子（2012）．東日本大震災と生活リスクマネジメント．危険と管理，*43*，47-60.

奈良由美子・任輝・劉維雪・藤本浩明（2013）．四川大地震と生活復興―新北川県被災者へのインタビュー調査から―．社会・経済システム，*34*，83-98.

野田　隆（1997）．災害と社会システム．恒星社厚生閣．

Norris, F. H., Stevens, S. P., Pfefferbaum, B., Wyche, K. F., Pfefferbaum, R. L. (2008). Community resilience as a metaphor, theory, set of capacities, and strategy for disaster readiness. *American Journal of Community Psychology*, *41*, 127-150.

Stockholm Resilience Centre (2015). What is resilience? https://www.stockholmresilience.org/research/research-news/2015-02-19-what-is-resilience.html

塩崎由久・加藤孝明・菅田　寛（2015）．自然災害に対する都市システムのレジリエンスに関する概念整理．土木学会論文集D3（土木計画学），*71*(3)，127-140.

田村圭子・林　春男・立木茂雄・木村玲欧（2001）．阪神・淡路大震災からの生活再建7要素モデルの検証―2001年京大防災研復興調査報告―．地域安全学会論文集，*3*，33-40.

Tatsuki, S. (2007). Long-term life recovery processes among survivors of the 1995 Kobe earthquake: 1999, 2001, 2003, and 2005 life recovery social survey results. *Journal of Disaster Research*, *2*(6), 484-501.

UNISDR (United Nations International Strategy for Disaster Reduction) (2009). 2009 UNISDR Terminology on Disaster Risk Reduction.

UNISDR (2015). Sendai Framework for Disaster Risk Reduction 2015-2030. https://www.preventionweb.net/files/43291_sendaiframeworkfordrren.pdf

浦野正樹（2007）．脆弱性概念から復元・回復力概念へ―災害社会学における展開―．浦野正樹・大矢根淳・吉川忠寛（編）復興コミュニティ論入門．弘文堂．

矢ケ﨑太洋（2019）．東日本大震災後の人口減少と地域社会の再編―宮城県気仙沼市浦島地区の津波災害とレジリエンス―．人文地理，*71*(4)，371-392.

あとがき

　このたびは，数ある書籍のなかで本書をお読みいただき，ありがとうございました。本書は，国内外で数多く報告されてきたレジリエンスの研究知見を，各フィールドで専門とされる先生方に執筆していただき，大変厚みある内容で構成されています。日本においてレジリエンスへの興味関心は高まっているものの，これまでに，心理学の視点からレジリエンス概念を軸に学際的な知見がまとめられた書籍はありませんでした。

　レジリエンス概念は，本邦ではビジネスや教育分野を中心に，メディアでもたびたび紹介されてきましたが，それらは基本的に「レジリエンスを高めよう，鍛えよう，身につけよう」というスローガンとともにありました。まえがきでも述べられているように，この十数年の間にこれほどまでにレジリエンス概念が注目された背景には，度重なる災害や，明るくない社会情勢のもと，それぞれに抱える葛藤や苦しみがあり，そのなかで「強くありたい」「苦しみの中を生き抜く力が欲しい」という，人々の心の中にある切なる願いがあるということを感じます。これまでに，レジリエンスという言葉を用いて研究や実践をする人々や，レジリエンスという言葉について知りたいと求める人々と多く接してきましたが，この言葉を望む人々はそれぞれに，レジリエンス概念に対する強い期待とパッションをもっていることが多いように思います。それは苦しみに対する「希望」と表現するのが近いかもしれません。

　しかし一方で，誤解を恐れずにいうと，上述のようにメディアを通して一般に紹介されはじめたレジリエンスのスローガンは，「希望」を提供すると同時に，「弱い個体は鍛えるべきである」「逆境に負ける者は何かが足りない」といった誤ったメッセージを暗黙に流布してしまうというリスクをはらんでいます。ある出来事への捉えかた，感じかたが人によって異なるように，心の立ち直りの道筋，すなわち，レジリエンスの形は多様です。つまり，「強い／速い／固い／多い」といったシンプルな強靭さとして記述できるものではありません。そのため，研究者たちは対象者の特徴を考慮しその人たちの理解の一助になるように，研鑽を積み重ね研究を進めてきました。

　そのような視点から，本書では，レジリエンスというひとつの概念について，フィールドの異なる研究者・実践家によってそれぞれの視点から記述してもらうことを試みました。同じレジリエンスという現象や特性を見つめていても，立場によって見えてくるものに違いがあること，そうしたレジリエンスの概念自体がもつ多面性や多様性を，本書を通じて感じていただけていれば大変嬉しく思います。

　また本書は，学問としてのレジリエンス概念の理解という枠に留まるだけでなく，人々が社会の中でより幸せに生きていくために，自らの心の回復や適応，さらには可能性について考えることのできるヒントが数多く盛り込まれている内容であると自負しています。本書が，ひとりでも多くの人たちにとって，何らかの新たなきっかけをもたらす機会を提供できれば幸甚です。

　最後に，企画から編集，出版までご尽力賜りました，岩城亮太郎様をはじめとする金子書房の皆様，またご多用中にかかわらず，本書にお力添え賜りました執筆者の先生方に，この場をお借りして，心より感謝申し上げます。

2021 年 8 月　平野真理・上野雄己

● 執筆者一覧 （執筆順）

小塩真司（おしお・あつし）
早稲田大学文学学術院教授

鄧　思昕（とう・しきん）
早稲田大学大学院文学研究科博士後期課程

井隼経子（いはや・けいこ）
福岡工業大学教育力育成センター准教授

平野真理（ひらの・まり）
東京家政大学人文学部講師

原　郁水（はら・いくみ）
弘前大学教育学部准教授

上野雄己（うえの・ゆうき）
東京大学大学院教育学研究科附属学校教育高度化・効果検証センター特任助教

岐部智恵子（きべ・ちえこ）
お茶の水女子大学全学教育システム改革推進本部教学 IR・教育開発・学修支援センター講師

齊藤和貴（さいとう・かずき）
東京家政大学人文学部特任講師

高橋美保（たかはし・みほ）
東京大学大学院教育学研究科教授

奈良由美子（なら・ゆみこ）
放送大学教養学部教授

● 編者紹介

小塩真司 (おしお・あつし)

早稲田大学文学学術院教授。名古屋大学大学院修了。博士（教育心理学）。専門はパーソナリティ心理学，発達心理学。著書に『性格とは何か』（中央公論新社，2020 年），『性格がいい人，悪い人の科学』（日本経済新聞出版社，2018 年），『心理学の卒業研究ワークブック』（金子書房，2015 年，共著）など多数。

平野真理 (ひらの・まり)

東京家政大学人文学部講師。東京大学大学院修了。博士（教育学）。専門は臨床心理学。著書に『レジリエンスは身につけられるか』（東京大学出版会，2015 年），『Resilience and Human History』(Springer, Nara, Y. & Inamura, T. (Eds), 2020 年，分担執筆)，『レジリエンスの諸相』（放送大学教育振興会，奈良由美子・稲村哲也（編著），2018 年，分担執筆 ）など。

上野雄己 (うえの・ゆうき)

東京大学大学院教育学研究科附属学校教育高度化・効果検証センター特任助教。桜美林大学大学院修了。博士（学術）。専門はパーソナリティ心理学，スポーツ心理学，健康心理学。主な論文に，「個人と集団活動を通したレジリエンス・プログラムの再検証」（教育心理学研究），「日本人成人におけるレジリエンスと年齢の関連」（心理学研究），「大学生運動部員におけるレジリエンスの 2 過程モデルの検討」（パーソナリティ研究）など多数。

レジリエンスの心理学
社会をよりよく生きるために

2021 年 9 月 30 日　初版第 1 刷発行		〔検印省略〕
2022 年 9 月 15 日　初版第 2 刷発行		

編著者　　　小 塩 真 司
　　　　　　平 野 真 理
　　　　　　上 野 雄 己
発行者　　　金 子 紀 子
発行所　株式会社 金 子 書 房
　　　　　　〒 112-0012　東京都文京区大塚 3-3-7
　　　　　　電話 03(3941)0111　FAX 03(3941)0163
　　　　　　振替 00180-9-103376
　　　　　　ホームページ https://www.kanekoshobo.co.jp
印刷　藤原印刷株式会社　　製本　一色製本株式会社